◆本書の特色

① 新傾向問題　「内容の理解」で、最近の入試傾向をふまえ、会話形式や条件付き記述などの問いを、適宜設定しました。

② 活動　教科書収録教材と、他の文章・資料とを読み比べる、特集ページを設けました。

③ ウェブコンテンツ　「日本文学編　近現代」の漢字、「日本文学編　古文」の古文単語の設問を、ウェブ上で繰り返し取り組めるように、二次元コードを設置しました。

④ 展開の把握（要点の整理）・主題　意味段落などをベースに、本文の内容や設定、主題を整理したものを用意しました。要点となる箇所を埋めていく空欄補充形式で、本文全体の構成や展開を把握することができます。

⑤ 内容の理解　客観問題と記述問題とをバランスよく用意し、本文読解にあたって、重要な点を押さえられるようにしました。

◇教科書の学習と関連づける

⑥ 帯　「漢字・語句・文法・句法」の上部に教科書の本文掲載ページ・行を示す帯、「内容の理解」の上部に意味段落などを示す帯を付け、教科書と照合しやすくしました。

⑦ 脚問・学習・活動　教科書の「脚問」「学習（活動）の手引き」と関連した問いの下部に、アイコンを付けました。

定着を図りました。

学習目標　『羅生門』と『今昔物語集』を違いに着目して読み比べる。

活動　『羅生門』と『今昔物語集』との読み比べ　❷

○『羅生門』の典拠となった『今昔物語集』の「羅城門の上層に登りて死人を見たる盗人の語」の口語訳を読んで、あとの問いに答えなさい。

今となっては昔の話だが、摂津の国のあたりから、盗みをしようというつもりで京に上って来た男が、日がまだ暮れなかったので、門の下に立って隠れていたところ、朱雀大路のほうでは人々が頻繁に行き来するので、人通りが静まるまでと思って、門の下に立って待っていたところ、山城の方面から人々が大勢来る音がしたので、やって来る人々に姿を見られまいと思って、門の二階にそっとよじ登ったところ、見ると、灯がぼんやりとともっている。

盗人は、おかしなことだと思って、連子窓からのぞいたところ、若い女で、死んで横たわっている女がいる。その枕元に火をともして、ひどく年老いた老婆が、その死人の髪の毛を手荒くぐいぐいと抜き取っているのである。

盗人は、これはなんということだと思って、もしかしたら鬼ではなかろうかと思って恐ろしかったが、もしかしたら死人であるかもしれない、ひとつ脅して試してみようと思って、そっと戸を開けて、刀を抜いて「こいつめ」と言って走りかかったところ、老婆は、あわてふためいて、手を擦り合わせてうろたえるので、盗人が、「おまえは何者だ」と問うたところ、老婆は、これはわたしの主人でいらっしゃった人が、お亡くなりになったのを、供養をする人がいないので、このようにして置き申し上げているのです。その髪の毛が、背丈を越えるほど長いので、どうかお助けくださいと言ったので、その盗人は、……

語釈　＊摂津の国…
今昔物語集　説話集。仏教……の三部に分かれ、……

教科書 p.50〜p.64

学習目標　古文作品とそれに着目した現代の文章を関連づけて読解する。

活動　『筒井筒』と俵万智『恋する伊勢物語』との読み比べ　❷

○『伊勢物語』「筒井筒」について述べた次の文章を読んで、あとの問いに答えなさい。

恋する伊勢物語

俵　万　智

絵に描いたようなハッピーなラブストーリーだった前半に続く後半は、大打撃だった。これは、現代にとっても、この精神的にもそして物理的にも、女の方の親が亡くなるという不幸が訪れる。若い二人にとっては、婚という結びつきは、基本的な経済基盤を失ってしまった。暮らしむきは、日に日に悪くなる。まだ生活力のない二人。それだけでは人生は生きていけない。このままでは、お互いがダメになってしまう。

そう考えた男は、新しい恋人を作り、河内の国高安の郡というところ、今の大阪府の東部あたりである。通うようになった。決して珍しいことではない。問いつめることもできない。……

教科書 p.158〜p.161

学習目標　漢詩を和訳した詩をもとの詩と読み比べ、訳者の工夫を捉える。

活動　漢詩と訳詩との読み比べ　❷

○次の詩は、孟浩然「春暁」、李白「静夜思」、杜甫「春望」を、土岐善麿と井伏鱒二が日本語に訳したものである。これらを読んで、あとの問いに答えなさい。

Ⅰ　孟浩然「春暁」

春あけぼの
うすねむり
まくらにかよう　鳥の声
風まじりなる　夜べの雨
花ちりけんか　庭もせに

〈『鴬の卵』〉

土岐善麿訳

Ⅱ　杜甫「春望」

国破れて　山河あり
春なれや　城辺のみどり
花みれば　涙しとどに
鳥きけば　こころおどろく
のろしの火　三月たえず
千重に恋し　ふるさとの書
しら髪に　かきやりぬれば
かざしさえ　さしもかねつる
いよよ短く

〈『新訳杜甫詩選』〉

土岐善麿訳

Ⅲ　李白「静夜思」

ネマノウチカラフト気ガツケバ
霜カトオモフイイ月アカリ
ノキバノ月ヲミルニツケ
ザイショノコトガ気ニカカル

井伏鱒二訳

語釈
＊うすねむり…ぼんやりとした浅い眠り。「薄雲・薄明かり」などから連想される作者の造語。
＊夜べ…昨日の夜。回想する趣がある。
＊ノキバ…軒端。軒の先。
＊しとど…ひどく流れる様子。
＊のろし…合図のために高くあげる煙。ここでは戦地の便りのこと。
＊いよよ…「いよいよ」に同じ。ますます。
＊かざし…髪の毛に挿すもの。かんざし。

訳者紹介
土岐善麿…〔一八八五年〔明治一八〕〜一九八〇年〔昭和五五〕〕歌人・国文学者。歌集・歌論集に『NAKIWARAI』などがある。
井伏鱒二…〔一八九八年〔明治三一〕〜一九九三年〔平成五〕〕小説家。広島県生まれ。主な作品に『山椒魚』『黒い雨』などがある。

教科書 p.226〜p.231

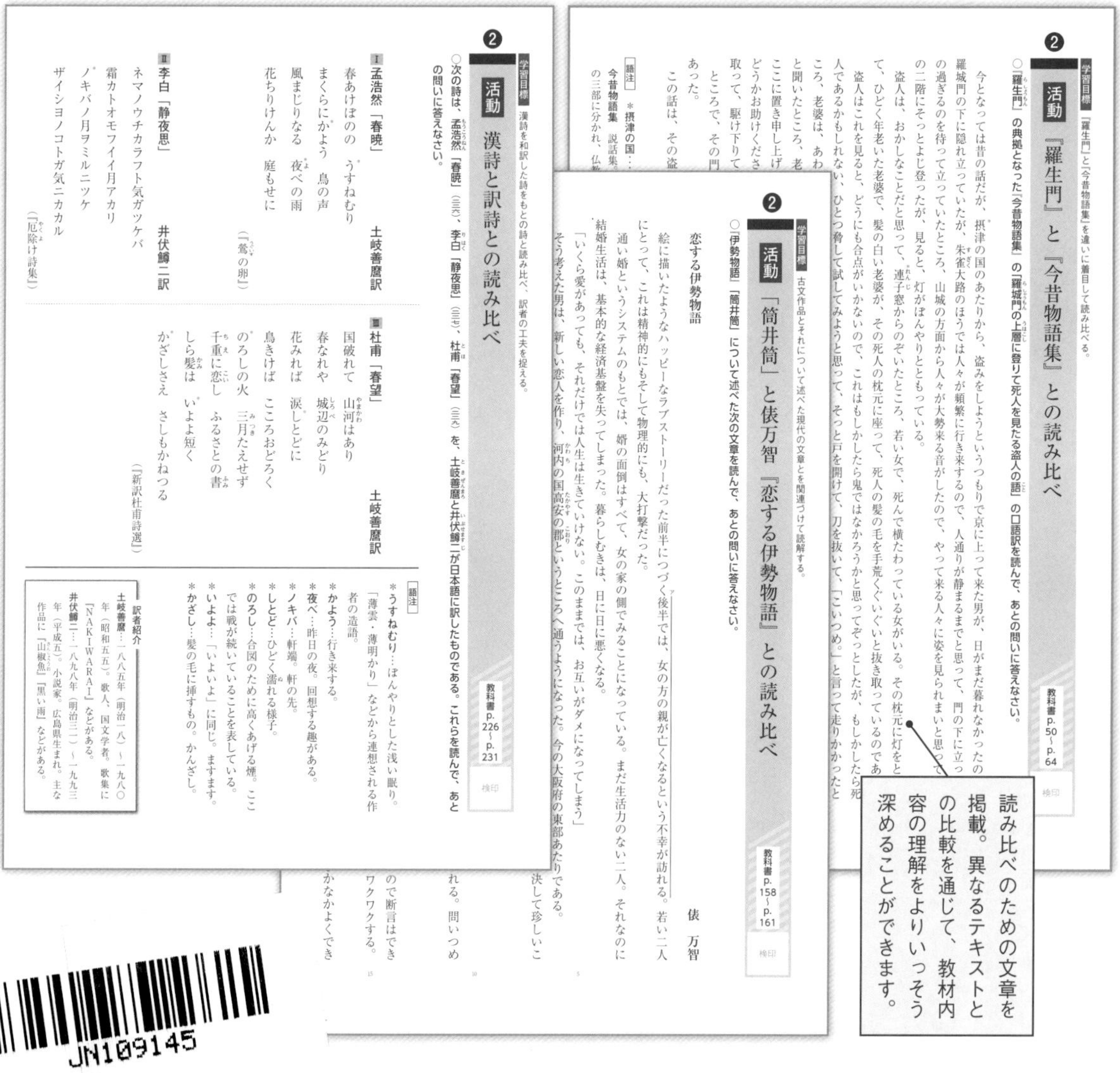

読み比べのための文章を掲載。異なるテキストとの比較を通じて、教材内容の理解をよりいっそう深めることができます。

目次

日本文学編―近現代

小説を読む（一）
- とんかつ　三浦哲郎　2
- よろこびの歌　宮下奈都　6

詩の楽しみ
- 道程　高村光太郎　10
- 小景異情　室生犀星　11
- I was born　吉野　弘　12
- 二十億光年の孤独　谷川俊太郎　13

小説を読む（二）
- 羅生門　芥川龍之介　14
- 活動　『羅生門』と『今昔物語集』との読み比べ　18
- 公園　三崎亜記　20

短歌と俳句
- 清水へ　24
- 手毬唄　28

小説を読む（三）
- 夢十夜　夏目漱石　32
- 鏡　村上春樹　38

日本文学編―古文

古文入門
- ●古文を読むために1・2　42
- 児のそら寝（宇治拾遺物語）　44
- 三文にて歯二つ（沙石集）　46

古文に親しむ
- なよ竹のかぐや姫（竹取物語）　48
- 絵仏師良秀（宇治拾遺物語）　50
- ●古文を読むために3　52

随筆を読む（一）
- 枕草子
  - 春は、あけぼの　54
  - うつくしきもの　56
  - 中納言参りたまひて　58

歌物語を読む
- 伊勢物語
  - 東下り　60
  - 筒井筒　62
- 活動　「筒井筒」と俵万智『恋する伊勢物語』との読み比べ　64
- ●古文を読むために4　68

漢文学編

漢文入門

●訓読に親しむ㈠・漢文を読むために1 …… 90
●訓読に親しむ㈡㈢・漢文を読むために2・3 …… 92

故事成語

五十歩百歩（孟子） …… 95
矛盾（韓非子） …… 96
蛇足（戦国策） …… 97

漢詩の鑑賞

唐詩の世界 …… 98
日本の漢詩 …… 100
活動 漢詩と訳詩との読み比べ …… 102

史伝を読む

鶏口牛後（十八史略） …… 104
完レ璧（十八史略） …… 106
先従レ隗始（十八史略） …… 108

中国の思想

論語 …… 110

随筆を読む(二)

徒然草
仁和寺にある法師 …… 70
高名の木登り …… 72
神無月のころ …… 74

軍記物語を読む

平家物語
宇治川の先陣 …… 76

和歌と俳諧

万葉・古今・新古今 …… 79
●古文を読むために5 …… 85
奥の細道
旅立ち …… 86
平泉 …… 88

プラスウェブ

下にある二次元コードから、
ウェブコンテンツの一覧画面
に進むことができます。

https://dg-w.jp/b/c7c0001

学習目標　「親子にまつわる謎」を話の展開に沿って捉え、登場人物の人物像と心情を読み取る。

とんかつ（三浦哲郎）

教科書 p.12～p.23

検印

漢字　知識・技能

1 太字の仮名を漢字に直しなさい。

① **けいしょう**〔　　〕地を訪ねる。（p.12 ℓ.5）
② **ひか**〔　　〕えの選手。（p.12 ℓ.5）
③ 三月**げじゅん**〔　　〕の気候。（p.13 ℓ.8）
④ 進学の**じゅんび**〔　　〕をする。（p.13 ℓ.15）
⑤ **ごうせい**〔　　〕な旅行。（p.14 ℓ.2）
⑥ **やっかい**〔　　〕な客。（p.14 ℓ.7）
⑦ **じょうだん**〔　　〕じゃない。（p.15 ℓ.8）
⑧ **こうがい**〔　　〕の住宅地。（p.16 ℓ.4）
⑨ **けっこう**〔　　〕な話。（p.16 ℓ.7）
⑩ 十分**なっとく**〔　　〕する。（p.17 ℓ.6）
⑪ 母親に**つきそ**〔　　〕われる。（p.18 ℓ.1）
⑫ 仏道**しゅぎょう**〔　　〕に出る。（p.18 ℓ.1）
⑬ 応援を**あお**〔　　〕ぐ。（p.19 ℓ.5）
⑭ **そくざ**〔　　〕に返事をする。（p.20 ℓ.2）
⑮ 屋根から**てんらく**〔　　〕する。（p.21 ℓ.4）
⑯ いい匂いが**ただよ**〔　　〕う。（p.22 ℓ.7）
⑰ **がっしょう**〔　　〕の礼をする。（p.22 ℓ.10）

2 太字の漢字の読みを記しなさい。

① **素泊**〔　　〕まりの客。（p.12 ℓ.7）
② **空**〔　　〕き部屋。（p.13 ℓ.1）
③ **鋭**〔　　〕い声。（p.13 ℓ.5）
④ **膨**〔　　〕らんだバッグ。（p.13 ℓ.8）
⑤ かばんを**提**〔　　〕げる。（p.13 ℓ.8）
⑥ 服の**襟元**〔　　〕。（p.13 ℓ.9）
⑦ **物見遊山**〔　　〕の旅。（p.14 ℓ.4）
⑧ 声を**潜**〔　　〕める。（p.14 ℓ.8）
⑨ **薄気味**〔　　〕悪い。（p.15 ℓ.7）
⑩ 外出の**支度**〔　　〕をする。（p.15 ℓ.9）
⑪ **穏**〔　　〕やかな日和。（p.15 ℓ.15）
⑫ 笑って息子を**顧**〔　　〕みる。（p.17 ℓ.4）
⑬ **跡継**〔　　〕ぎの息子。（p.19 ℓ.4）
⑭ **悠長**〔　　〕に構える。（p.19 ℓ.9）
⑮ **給仕**〔　　〕をする。（p.20 ℓ.10）
⑯ **練**〔　　〕れた太い声。（p.22 ℓ.5）
⑰ 目を**和**〔　　〕ませる。（p.22 ℓ.8）

語句　知識・技能

1 次の太字の語句の意味を調べなさい。

① **問わず語り**に話してくれた。（p.18 ℓ.13）
〔　　〕
② なんとか**急場をしのいで**きた。（p.19 ℓ.5）
〔　　〕
③ **里心がつく**といけない。（p.19 ℓ.12）
〔　　〕

2 次の空欄に適語を入れなさい。

①〔　　〕色をうかがう。（p.16 ℓ.6）
② 驚きの〔　　〕を漏らす。（p.22 ℓ.12）
③ 人前では〔　　〕をつぐむ。（p.22 ℓ.4）

3 次の語句を使って短文を作りなさい。

① 目を見張る（p.17 ℓ.1）
〔　　〕
② しんみり（p.20 ℓ.11）
〔　　〕

展開の把握

1 空欄に本文中の語句を入れて、本文の内容を整理しなさい。

▼学習一 ▼学習二

第一段落（初め～p.16 ℓ.10）	第二段落（p.16 ℓ.11～p.20 ℓ.14）	第三段落（p.21 ℓ.1～終わり）
母と子の二人連れの客が訪れる	親子にまつわる謎が解ける	〔タ　〕近く あとの再会
〔ア　〕の城下町の宿に来た〔イ　〕の客 ・二泊したい ・聞き慣れない〔ウ　〕＝〔エ　〕から来た〔オ　〕 女主人　ただの〔カ　〕の旅ではあるまい。 女中　〔キ　〕しに来たのではないか。 ⇩ 謎が深まる。 翌朝、親子は食事を済ませると、〔ク　〕の支度をして降りてきた。 女主人　〔ケ　〕とし、行き先を尋ねないではいられなかった。	日暮れ前に宿に戻ってきた親子 息子　頭はすっかり〔コ　〕られ、青々としていた。 母親の話　息子は〔サ　〕になる。 ⇩ 謎が解けた。 ←女主人　厳しい修行に耐えられるだろうかと心配した。 母親　「こう見えても〔シ　〕子」と〔ス　〕口調で言う。 修行を終えるまでの〔セ　〕間は会わずに待つつもりだと言う。 女主人　息子の好物をたずねる。 母親　即座に「〔ソ　〕にしてほしい。」と言った。 その夜、親子はとんかつを食べた。	翌年の二月 母親　再訪＝息子が右脚を〔チ　〕し入院。〔ツ　〕に来た。 女主人　二人の夕食に〔テ　〕を用意した。 息子　見違えるような凛とした〔ト　〕になっていた。

2 次の空欄に本文中の語句を入れて、「母親」と「女主人（宿の奥さん）」の人物像をまとめなさい。 思考力・判断力・表現力

母親

名前〔ア　〕　年齢〔イ　〕歳

言葉に〔ウ　〕がある点や〔エ　〕ように笑う様子から

↓遠い土地から来た、内気な人柄の人物

女主人

外出する親子に行き先を〔オ　〕ところや、親子の夕食にこれまでいちばん〔カ　〕とんかつを揚げて出したところなどから

↓温かな心を持った人物

主題

●次の空欄に本文中の語句を入れて、全体の主題を整理しなさい。 思考力・判断力・表現力

三月下旬、北陸のある宿に〔ア　〕ていない様子の親子連れが訪れた。息子は〔イ　〕を卒業したばかりで、これから〔ウ　〕になるという。当分の別れとなる夕食に、息子の好物の〔エ　〕が出され、親子はしんみりと食事をした。一年近くたって、親子は同じ宿で再会する。夕食には前と同じく〔オ　〕が用意された。母と子の情愛を中心に、母の息子に対する期待や不安、息子の成長、さらには親子を見守る宿の女主人の心情が日常の言葉を通して、淡々と描かれる。

内容の理解

思考力・判断力・表現力

第一段落（初め～p.16 ℓ.10）

1 宿を訪れた客は旅慣れていない人である。そのことがわかる親と子に共通する表情を、本文中から六字で抜き出しなさい。

2 「ぺこりと」（三・7）から少年のどのような様子が読み取れるか。次から二つ選びなさい。 ▼脚問2

ア　礼儀正しい様子　　イ　わんぱくな様子
ウ　おびえている様子　　エ　反抗的な様子
オ　まだ幼い様子

〔　　〕〔　　〕

3 「女中」の言葉の文末が四箇所「……。」（四・10～五・6）となっているが、それにはどのような効果があるか。十五字以内で答えなさい。

4 「ぎくりとした」（五・9）のはなぜか。「母親と息子」という言葉を使って、三十字以内で答えなさい。 ▼脚問4

第一段落／第二段落（p.16 ℓ.11～p.20 ℓ.14）

5 外出する親子に対する、女主人の気がかりな思いが読み取れる箇所を、本文中から七字で抜き出しなさい。

6 「息子のほうはにこりともせずにうつむいて」（七・4）から、「息子」のどのような思いが読み取れるか。次から二つ選びなさい。

ア　母にはつらい思いが理解してもらえないという悲しさ。
イ　厳しい雲水の生活に耐えられるだろうかという不安。
ウ　丸めた頭を宿の人々に見られてしまうという恥ずかしさ。
エ　これからは母と離れて暮らさねばならないという寂しさ。
オ　周囲の人々に無理やり雲水にさせられたという怒り。

〔　　〕〔　　〕

7 「目をしばたたきながら」（七・12）から、母親のどのような気持ちが読み取れるか。次から選びなさい。 ▼脚問6

ア　期待や喜びを押し殺し、なんとか落ち着こうという気持ち。
イ　不安や緊張を表面に出さず、平静を装おうとする気持ち。
ウ　心配や不満を、女主人にさりげなく伝えたいという気持ち。

〔　　〕

8 「頭を丸めた少年は、……可憐に見えた」（八・2～3）のように宿の女主人が感じたのはなぜか。「少年」（八・2）「中学卒」（八・5）という言葉に注意して、三十字以内で答えなさい。

第二段落（p.16 ℓ.11〜p.20 ℓ.14）

9 息子の出家する事情を聞いた女主人の、親子に対する思いがよく表現されている一文を、会話文以外の第二段落本文中から抜き出し、初めの五字で答えなさい。（句読点を含む）

10 給仕の女中の「お母さんの皿はもう空っぽで、お子さんのほうはまだ食べてます。」（二〇・11）という言葉から、どのようなことがうかがえるか。次から選びなさい。 ▼脚問8

ア　息子はとんかつが本当は好きではなかったということ。
イ　母親が自分の分のとんかつも息子に与えたということ。
ウ　息子が好物も食べられないほど緊張していたということ。

〔　　〕

第三段落（p.21 ℓ.1〜終わり）

11 二一ページから、子を甘やかしていないという母の弁明が表れている箇所を二十五字で抜き出し、初めと終わりの五字で答えなさい。

〜

12 「わかりました。」（二一・15）とあるが、女主人はどのようなことがわかったのか。三十字以内で答えなさい。

13 「ふと目を和ませて」（二一・7）から、どのような気持ちが読み取れるか。次から選びなさい。 ▼脚問9

ア　なつかしさに緊張が緩むとともに、女主人に感謝する気持ち。
イ　自分の予想が当たったことに満足して、得意になる気持ち。
ウ　自分への母親と女主人の愛情を喜びつつ、負担に思う気持ち。

〔　　〕

全体

14 この小説の中で、女主人はどのような人として描かれているか。次から選びなさい。

ア　運命のままに生きる人々に対して、深い悲しみを寄せる人。
イ　苦労に耐える人々を、温かな目で見守ることのできる人。
ウ　親子の情愛を絶った人々に、適切な手助けのできる人。

〔　　〕

15 新傾向 この小説の中で方言が用いられていることについて、五人の生徒が発言している。適当でない発言を二つ選びなさい。

生徒A：方言が使われていることで、親子が遠い土地から来たという印象を与えているのだと思います。
生徒B：女主人に対しても方言で話していることから、母親には他人の目を気にしない粗野な面があることがわかりますね。
生徒C：この小説では、方言の使用が母親の人物像の形成に一役買っているようです。
生徒D：この小説では、方言の使用が登場人物の生き生きとした描写につながっているようです。
生徒E：母親だけが方言を話していることから、誰とも心を通わせられない母親の孤独感を読み取れるのですね。

生徒〔　　〕〔　　〕

学習目標　主人公の置かれている状況に注意しながら、心情の動きを読み取る。

よろこびの歌（宮下奈都）

教科書p.25～p.35

検印

漢字

知識・技能

1 太字の仮名を漢字に直しなさい。

① (p.25 下ℓ.4) 砕けて**あとかた**〔　〕もない。
② (p.26 上ℓ.16) **がくふ**〔　〕を用意する。
③ (p.26 下ℓ.4) **つごう**〔　〕がいい。
④ (p.27 下ℓ.8) イタリア語の**かし**〔　〕。
⑤ (p.28 上ℓ.10) **かんちが**〔　〕いをする。
⑥ (p.28 下ℓ.9) 何度も**く**〔　〕やんだ。
⑦ (p.28 下ℓ.12) **いいかげん**〔　〕に歌う。
⑧ (p.28 下ℓ.15) この歌に**か**〔　〕ける。
⑨ (p.29 下ℓ.2) **ゆうしょう**〔　〕する。
⑩ (p.30 上ℓ.14) **とくい**〔　〕げに言う。
⑪ (p.31 上ℓ.1) **がんば**〔　〕っている。
⑫ (p.31 上ℓ.4) **みじ**〔　〕めな思いをする。
⑬ (p.32 上ℓ.15) 走るのを**あきら**〔　〕める。
⑭ (p.32 下ℓ.15) **いせい**〔　〕のいい声。
⑮ (p.34 上ℓ.2) 心臓の**こどう**〔　〕。
⑯ (p.34 上ℓ.8) **こがら**〔　〕な生徒がいる。
⑰ (p.34 下ℓ.2) **ぎこう**〔　〕を重視する。

2 太字の漢字の読みを記しなさい。

① (p.26 上ℓ.3) 思い出そうと**焦**〔　〕る。
② (p.26 下ℓ.17) **曖昧**〔　〕にうなずく。
③ (p.28 上ℓ.12) 反対して**覆**〔　〕す。
④ (p.28 下ℓ.13) 人の感情を**弄**〔　〕ぶ。
⑤ (p.28 下ℓ.17) **頻繁**〔　〕に起こる。
⑥ (p.29 下ℓ.13) **真面目**〔　〕に練習する。
⑦ (p.30 上ℓ.16) 友達に**又聞**〔　〕きする。
⑧ (p.30 下ℓ.10) **執着**〔　〕する。
⑨ (p.31 上ℓ.3) 無理やり**蓋**〔　〕をする。
⑩ (p.32 上ℓ.13) **最後尾**〔　〕に並ぶ。
⑪ (p.32 下ℓ.1) 橋の**傍**〔　〕らに立つ。
⑫ (p.32 下ℓ.9) 息を**整**〔　〕える。
⑬ (p.33 上ℓ.12) 自転車が**伴走**〔　〕する。
⑭ (p.34 上ℓ.5) **辺**〔　〕りを見る。
⑮ (p.34 上ℓ.16) 若草が**薫**〔　〕る。
⑯ (p.34 上ℓ.17) はだしで**戯**〔　〕れる。
⑰ (p.34 下ℓ.5) **紛**〔　〕れもなく私たちの歌だ。

語句

知識・技能

1 次の太字の語句の意味を調べなさい。

① (p.25 下ℓ.10) **迂闊**《うかつ》だったね。
〔　　　〕
② (p.27 上ℓ.2) 私の言葉に柴崎さんが**首をひねる**。
〔　　　〕
③ (p.31 下ℓ.10) 満足感の**かけらもない**。
〔　　　〕

2 次の空欄に適語を入れなさい。

① (p.28 下ℓ.3) 三々〔　〕集まっておしゃべりをしている。
② (p.32 下ℓ.6) 肩で〔　〕をして歩く。

3 次の語句を使って短文を作りなさい。

① (p.30 上ℓ.14) 逆手に取る
〔　　　〕
② (p.33 下ℓ.4) 一向に
〔　　　〕

展開の把握

1 空欄に本文中の語句を入れて、本文の内容を整理しなさい。 ▼学習一

第一段落（初め〜p.28上 ℓ.17）	第二段落（p.28下 ℓ.1〜p.31上 ℓ.14）	第三段落（p.31下 ℓ.1〜p.32上 ℓ.7）	第四段落（p.32上 ℓ.9〜終わり）
歌う曲を決める	はかどらない練習	合唱コンクールの結果	マラソン大会での出来事
合唱の練習の初日　集まったのは五人だけ。 私　去年の〔ア　〕がない＝高校生活全般に〔イ　〕がない。 私が持ってきた曲の中から歌う曲を決める。 同級生　音楽大学附属高校受験時の課題曲『麗しのマドンナ』を選ぶ。	同級生　〔ウ　〕に歌う。＝練習ははかどらなかった。 私　すべてを賭けて〔エ　〕に歌った自分が〔オ　〕みたい。 同級生　「音楽は〔カ　〕もので、勝ち負けは関係ないはずだ。」 私　音楽に対する自分の〔キ　〕がつかめなくなった。	私　指揮を降りてしまえば〔ク　〕になれる。→降りなかった。 あの曲を歌う以上、最後まで〔ケ　〕責任がある。 合唱コンクールは、こんなに〔コ　〕舞台には二度と立ちたくないと思ったほどの、さんざんな結果に終わった。 私　『麗しのマドンナ』をもう歌うことも〔サ　〕と思った。	私　マラソン大会の日。いちばん最後に学校に戻ってくる。 →どこからか〔シ　〕が聞こえてきた。＝『麗しのマドンナ』 この歌が〔ス　〕で、いきいきと生きる〔セ　〕を歌った歌だということに、初めて気づいた。歌っていたのは同級生たち。 私を〔ソ　〕ために歌ってくれているとわかった。 →涙を拭いながらゴールに向かっていた。

2 次の空欄に本文中の語句を入れて、第一段落の選曲における「私」と「同級生たち」との意識の違いをまとめなさい。 ▼学習二　思考力・判断力・表現力

私
・「何度か〔ア　〕すればちゃんと歌えるよ。」
・『麗しのマドンナ』は楽しげで簡単そうな歌に聞こえるけれど……一本調子になりがちで、聴衆を〔イ　〕させることができない。
→音楽への理想・期待値の高さ

同級生たち
・難しすぎる。無理だよ。
・「これがいちばん〔ウ　〕だよ。」
→楽に済ませたいという意識

主題

●次の空欄に本文中の語句を入れて、全体の主題を整理しなさい。　思考力・判断力・表現力

私は合唱コンクールで、入試の課題曲だった『麗しのマドンナ』を指揮することになった。しかし、コンクールはさんざんな結果に終わり、私は元の〔ア　〕した生活に戻った。次のイベントであるマラソン大会で、この歌が聞こえてきた。私は、この歌が生きる〔イ　〕であること、また同級生たちが自分を〔ウ　〕ために歌っているということを感じ取り、歌のあるべき姿に気づかされた。

内容の理解

思考力・判断力・表現力

第一段落（初め〜p.28上 ℓ.17）

1「練習の初日、……五人だけだった。」（三五・下1〜2）とあるが、このときの五人の思いがわかる一文を本文中から抜き出し、初めの五字で答えなさい。

2 私が、学校生活に何の期待も抱いていないことがわかるひと続きの二文を練習初日の場面から抜き出し、初めと終わりの五字で答えなさい。（句読点を含む）

〜

3「佐々木さんが……目をそらした」（三六・下14）のはなぜか。三十字以内で答えなさい。

4「それをぐっと飲み込んだ」（三七・上11）のはなぜか。次から選びなさい。

ア 音楽に詳しくもない同級生に、これ以上口出しされるのが耐えられなかったから。

イ せっかく集まった同級生の今の雰囲気を、壊してはならないという思いがはたらいたから。

ウ 自分が好きで出場するわけでもなく、流行歌のアレンジなどを歌うのは嫌だったから。

〔　〕

第一段落

5「決定の声を……立ち上がった」（三八・上15〜17）から、合唱コンクールに対するどんな気持ちがわかるか。三十字以内で答えなさい。

6「しかたのないことだと……たびたび訪れた」（三八・下14〜17）のは、どうしてか。最も適当なものを次から選びなさい。

ア 今、私がぼんやりとした高校生活を送るようになったのもこの歌のせいだということを同級生の誰一人知らず、弄ぶように歌うのを聞いて苛立《いらだ》ちを抑えられないから。

イ 試験に合格するために真剣に歌った歌が、今、同級生たちにいい加減に歌われるのを聞いて、あれは何だったのかと、以前の自分を振り返ってむなしさを覚えたから。

ウ 試験の課題曲として今も心の中に大切に思っている歌が、同級生たちによってばらばらに解体されアレンジされていくのを見るのが口惜しくてしかたがないから。

〔　〕

第二段落（p.28下 ℓ.1〜p.31上 ℓ.14）

7「――落ちるよ」（三九・上10）から、私のどのような思いが読み取れるか。次から選びなさい。 ▼傍問3

ア 歌っている人の人柄が卑しくなるだろうという思い。

イ 入試に失敗したことが今でも拭い去れないという思い。

ウ せっかくのいい歌が駄目になってしまうという思い。

〔　〕

第三段落（p.31下 ℓ.1～p.32上 ℓ.7）

8 **「受験と……あの歌」**（三二・下13）**とは、どのようなことを言っているのか。次から選びなさい。**

ア　『麗しのマドンナ』が、受験では失敗し、合唱コンクールではさんざんな目に遭って、二つも汚点がついたということ。

イ　受験と合唱コンクールの二つの失敗で、『麗しのマドンナ』に対する私の執着心が吹っ切れたということ。

ウ　『麗しのマドンナ』に、二回も無理やり取り組まされて、二度と歌いたくないほどうんざりしたということ。

〔　　〕

第四段落（p.32上 ℓ.9～終わり）

9 **「何をやっているんだろう」**（三三・下3）**とあるが、このときの私の気持ちを、本文中の語句を用いて答えなさい。** ▼傍問5

〔　　　　〕

10 **「このガンはラ。ドレミファソラ、の、ラだ。」**（三三・下9）**という部分からどのようなことがわかるか。次から選びなさい。**

ア　すべての人間には、絶対音感があること。

イ　私の走るつらさが、最高潮に達したこと。

ウ　マラソン中でも、私が音楽から離れられないこと。

〔　　〕

11 **「あのときの歌とは、まるで別の歌に聞こえる。」**（三四・上12）**とあるが、合唱コンクールのときの『麗しのマドンナ』とは別の歌に聞こえたのはなぜか。その理由として適当でないものを次から選びなさい。**

ア　同級生たちが私を励まそうという主体的な意欲を持って歌ったことで歌に技巧が備わったから。

イ　『麗しのマドンナ』が素朴で、いきいきと生きる喜びを歌った歌であることに、私が気づいたから。

ウ　他者から無理に歌わされるのではなく、同級生たちの自然な感情の高まりから生まれた歌だから。

〔　　〕

第四段落（p.32上 ℓ.9～終わり）

12 **「彼女たちの歌」**（三四・下6）**の「彼女たち」とは誰のことか。本文中から七字で抜き出しなさい。**

全体

13 新傾向 **「短パンの小柄な生徒」**（三四・上8）**について、生徒たちが会話をしている。空欄にあてはまる語句を簡潔に答えなさい。**

生徒A：「短パンの小柄な生徒」とは、原さんのことですね。

生徒B：原さんは、これ以前でも何度か登場しています。合唱コンクールに向けての練習の場面では、「もうちょっと、みんな、気持ちを合わせようよ。」と発言しています。この場面からは、〔　①　〕性格が感じられます。

生徒C：マラソン大会のスタート直後の場面にも登場しています。この場面からは、意外と〔　②　〕ということがわかりますね。

①〔　　　　〕

②〔　　　　〕

学習目標　比喩について理解し、作品に示された作者の思いを読み取る。

道程（高村光太郎）

教科書 p.38～p.39

検印

要点の整理　思考力・判断力・表現力

○空欄に適語を入れて、詩の大意を整理しなさい。

〔ア　〕が歩んでいくこれからの〔イ　〕、〔ウ　〕はそれを自分自身の力で〔エ　〕であるいくつもりだ。しかし、全くの一人きりではない。広大な〔オ　〕る自然に〔カ　〕もらい、その〔キ　〕を〔ク　〕の内に充《み》たしてほしい。これからの長く険しい〔ケ　〕のために。

高村光太郎

著名な彫刻家、高村光雲《こううん》の長男として生まれる。欧米留学を通じて、創造に全存在を賭ける芸術家のあり方を知る。真の近代人としての自覚を獲得した彼は西洋と東洋の亀裂に苦悩し、放埒《ほうらつ》で退廃的な生活を送り、耽美《たんび》派集団「パンの会」に参加する。

一九一一年（明治四四）、長沼智恵子《ながぬまちえこ》との運命的な出会いによって、生活も詩風も一変し、人道主義的な詩を書き、雑誌「白樺《しらかば》」に接近する。自ら油絵を描く智恵子の個性とぶつかり合うことで、彼の苦悩は解放されるのであった。

内容の理解　思考力・判断力・表現力

1 「気魄《きはく》」（三八・7）の意味を調べなさい。

〔　　〕

2 「道」（三八・1）とは、何の比喩として使われているか。漢字二字で答えなさい。　▼学習一

3 「父」（三八・4）とは、何の比喩として使われているか。詩の中から漢字二字を抜き出しなさい。　▼学習二

4 「守る事をせよ」（三八・6）、「充たせよ」（三八・7）という命令的な表現を用いることによって、これからの人生に立ち向かおうとする「僕」の決意に対して、どのような効果をあげているか。次から選びなさい。　▼学習三

ア　「僕」の決意が父母の影響であることを表す効果。
イ　「僕」の決意に父の助けを求める気持ちを表す効果。
ウ　「僕」の決意をよりいっそう力強いものにする効果。

〔　　〕

5 新傾向　「僕」にとって「父の気魄」（三八・7）とはどのようなものか、三人の生徒が発言している。どの生徒の発言が最も適当か。次から選びなさい。

生徒A：「僕」に男性的なたくましさを強いるものだと思います。
生徒B：「僕」の前に立ちはだかって試練を与えるものだと思います。
生徒C：「僕」に生きるための強い精神力を与えるものだと思います。

生徒〔　　〕

6 「僕から目を離さないで守る事をせよ……この遠い道程のため」（三八・6～9）には、二度の繰り返しのほかに、どのような修辞法が使われているか。漢字三字で答えなさい。

学習目標　リズムや表記の特徴を理解し、作品に込められた作者の思いを読み取る。

小景異情（室生犀星）

教科書 p.40～p.41

検印

要点の整理

思考力・判断力・表現力

○空欄に適語を入れて、詩の大意を整理しなさい。

生まれ育った懐かしい〔ア　　〕に、自分は再び帰ってきた。しかし、自分の心の中で〔イ　　〕っていたふるさととは異なっていた。やはり一度あとにした〔ウ　　〕は、たとえ遠いかの地で〔エ　　〕ようとも帰ってくる所ではなかったのだ。〔オ　　〕時に一人〔カ　　〕を思い涙ぐむ。そういう心を持って、〔キ　　〕に帰りたいものだ。

室生犀星

七歳で養子となり、室生姓を名乗る。実父と死別、実母と生別という薄幸な幼年期を過ごした。この生い立ちが、彼の文学に大きな影響を与える。一九一二年（大正元）、北原白秋《きたはらはくしゅう》のひきたてで詩壇に登場した。萩《はぎ》原朔太郎《わらさくたろう》と詩誌「感情」を創刊。反自然主義・反象徴詩の立場で口語自由詩を提唱し、青少年期の憂い・哀愁・孤独を素朴に歌いあげた。一九一八年（大正七）に処女詩集『愛の詩集』、第二詩集『抒情《じょじょう》小曲集』を刊行し、詩壇における地位を確立した。また、小説にも力を注ぎ、『性に眼覚《めざ》める頃』、『あにいもうと』、『杏っ子』などの作品を発表した。

内容の理解

思考力・判断力・表現力

1 この詩のリズムの基調となっている音数律を、漢字三字で答えなさい。　▼学習一

〔　　　〕

2 タイトルの「小景異情」とは、どのような意味か。簡潔に答えなさい。

〔　　　〕

3 「悲しくうたふ」（四・2）と同じ意味の表現を、詩の中から一行抜き出しなさい。

〔　　　〕

4 「遠きみやこにかへらばや」（四・9）はどのように口語訳できるか。次から選びなさい。

ア　遠い都に帰りたいものだ。
イ　遠い都に帰りたくないなあ。
ウ　遠い都に帰ったとしたら。

〔　　　〕

5 新傾向 この詩に込められた作者の思いについて、ある生徒が次のような文章を書いた。空欄にあてはまる語句をあとから選びなさい。　▼学習二　▼学習三

作者の「ふるさと」に対する思いは複雑である。「よしや／うらぶれて異土の乞食になるとても／帰るところにあるまじや」からは、「ふるさと」に対する〔　①　〕が感じられるが、「ふるさとおもひ涙ぐむ」からは〔　②　〕が感じられる。

ア　なつかしさや親しみ　イ　失望や反発　ウ　強い期待
エ　いくばくかの懸念　オ　深い愛情

①〔　　　〕　②〔　　　〕

学習目標　「I was born」という言葉がどのようなイメージで捉えられているかを読み取る。

I was born（吉野　弘）

教科書p.42～p.45

検印

要点の整理　思考力・判断力・表現力

○空欄に適語を入れて、詩の大意を整理しなさい。

或る〔ア　　　〕の宵、父と僕は境内で身重の女とすれ違った。その時僕は〔イ　　　〕のうごめきを連想し、生まれ出ることの〔ウ　　　〕に打たれた。そして英語の〔エ　　　〕が受身形であり、人間は生まれさせられるんだと父に話した。父は暫《しばら》くして〔オ　　　〕の話をし、続いて僕の誕生で〔カ　　　〕が死んだと告げた。僕は自分の肉体が母の胸までふさいでいた情景を思い描いた。

内容の理解　思考力・判断力・表現力

1 「青い夕靄《ゆうもや》の奥から……こちらへやってくる。」（四二・2～3）には、どのような効果があるか。次から選びなさい。

ア　不気味な印象を与え、僕の将来が悲運になると思わせる効果。
イ　幻覚のような印象と、僕を宿した母の幻影を思わせる効果。
ウ　はかなげな印象と、母子の尽きない情愛を思わせる効果。

〔　　〕

2 「僕は女の腹から眼《め》を離さなかった。」（四二・4）とあるが、「僕」は何に感動していたのか。詩中の語句を用いて答えなさい。

〔　　〕

3 「――I was born さ。……意志ではないんだね――」（四三・5～6）という息子の言葉を聞いて、父はどう思ったか。「生まれる」「深い意味」という語を用いて答えなさい。

〔　　〕

吉野弘

第二次世界大戦が激しさを増す中で青年期を迎えた。十四歳のときに母を失った。一九四四年（昭和一九）、十八歳のとき最後の徴兵検査に合格するが、入隊日の五日前に敗戦を迎え、大きな衝撃を受ける。戦後、労働組合運動に従事するが過労で倒れ、肺結核を発病、三年間の療養生活を送る。そのころから詩作を始め、詩誌「詩学」に投稿二作目の「I was born」が載り、注目を浴び、戦後を代表する作品の一つとなった。第一詩集『消息』で、詩人としての地位を築いた。

4 「父の話のそれからあとは　もう覚えていない。」（四四・11）とあるが、その理由を答えなさい。

〔　　〕

5 父は「蜉蝣《かげろう》」の話をすることで、子供である「僕」に何を伝えたかったと思われるか。次から選びなさい。　▼学習三

ア　母から与えられた生の大切さをしっかり受け止めてほしい。
イ　母の死を無駄にしないようこれから有意義に生きてほしい。
ウ　母のように早死にしないためにも自覚して行動してほしい。

〔　　〕

学習目標　対比や比喩など、この詩の発想のおもしろさを読み取る。

二十億光年の孤独（谷川俊太郎）

教科書p.46～p.48

検印

要点の整理　思考力・判断力・表現力

○空欄に適語を入れて、詩の大意を整理しなさい。

〔ア　　〕は小さな地球で日々営みながら、火星に〔イ　　〕を欲しがったりする。火星人もきっと〔ウ　　〕に仲間を欲しがったりするにちがいない。〔エ　　〕とは〔オ　　〕ゆえにひき合う力である。〔カ　　〕宇宙でみんなはもとめ合う。〔キ　　〕宇宙でみんなは〔ク　　〕である。宇宙的な〔ケ　　〕の中で僕は人間的な〔コ　　〕をした。

谷川俊太郎

一九五〇年（昭和二五）、三好達治の紹介で「文学界」に「ネロ他五篇」を発表し、新進詩人として脚光を浴びた。一九五二年（昭和二七）、第一詩集『二十億光年の孤独』を刊行、新しい叙情詩の出現と注目された。一九五九年（昭和三四）、言葉によって積極的に社会に関わる姿勢を明確にする。一九六二年（昭和三七）、『月火水木金土日の歌』でレコード大賞作詞賞受賞。一九七五年（昭和五〇）、訳詩集『マザー・グースのうた』で日本翻訳文化賞、一九八二年（昭和五七）、『日々の地図』で読売文学賞を受けた。一九六四年（昭和三九）には、東京オリンピック記録映画制作にも参加した。

内容の理解　思考力・判断力・表現力

1 第一連と第二連で使われている「小さな球」はそれぞれ何をさすか。詩中の言葉で答えなさい。

第一連〔　　　〕　第二連〔　　　〕

2 「ネリリし　キルルし　ハララし」（四六・6）について、次の問いに答えなさい。

(1) この言葉と対になっている一行を抜き出しなさい。

〔　　　〕

(2) どのような印象を与えるか。十五字以内で答えなさい。▼学習一

3 この詩の中から、人間的な温かみが感じられる一行を抜き出しなさい。

〔　　　〕

4 新傾向　この詩についてある生徒が次のように発言した。空欄にあてはまる内容を次から選びなさい。

私は、「万有引力」を「ひき合う孤独の力」と表現している点に心ひかれました。人類も火星人も〔　　　〕いるんですね。その心の力こそが「ひき合う孤独の力」なのでしょう。それを、物理学の「万有引力」に結びつけた点がおもしろいと思います。

ア　孤独を感じ、それを癒やすために仲間を求め合って

イ　広大な宇宙の中でそれぞれ引きこもって

ウ　互いに相手を宇宙人とみなし、どんな存在か想像して

〔　　　〕

学習目標　下人がある決断をするに至るまでの、行動や心理の推移、場面の展開を捉える。

羅生門（芥川龍之介）

教科書 p.50〜p.64

検印

漢字

1 太字の仮名を漢字に直しなさい。

p.50 ℓ.7　① じしん〔　〕が起こる。
p.52 ℓ.1　② 危険をかえり〔　〕みない。
ℓ.10　③ こくげん〔　〕が遅い。
ℓ.11　④ 門のくず〔　〕れ。
p.53 ℓ.2　⑤ ひま〔　〕を出される。
p.54 ℓ.2　⑥ みちばた〔　〕の土の上。
p.55 ℓ.12　⑦ にご〔　〕った、黄色い光。
p.56 ℓ.3　⑧ むぞうさ〔　〕に捨てる。
ℓ.13　⑨ 次のしゅんかん〔　〕。
p.57 ℓ.11　⑩ 激しいぞうお〔　〕の心。
p.58 ℓ.1　⑪ なんのみれん〔　〕もない。
p.59 ℓ.11　⑫ 怒りをさ〔　〕ます。
p.60 ℓ.5　⑬ するど〔　〕い目つき。
ℓ.11　⑭ 平凡さにしつぼう〔　〕する。
p.61 ℓ.15　⑮ 太刀を鞘《さや》におさ〔　〕める。
p.62 ℓ.12　⑯ ふい〔　〕に手を離す。
p.63 ℓ.10　⑰ ゆくえ〔　〕がわからない。

2 太字の漢字の読みを記しなさい。

知識・技能

p.50 ℓ.8　① 災〔　〕いが起こる。
ℓ.10　② 薪〔　〕の料《しろ》。
p.52 ℓ.13　③ 腰を据〔　〕える。
p.53 ℓ.3　④ 町が衰微〔　〕する。
ℓ.7　⑤ 空模様〔　〕。
ℓ.15　⑥ 雲を支〔　〕えている。
p.54 ℓ.6　⑦ 考えを肯定〔　〕する。
ℓ.15　⑧ 雨風の憂〔　〕えがない。
p.55 ℓ.2　⑨ 丹《に》を塗〔　〕ったはしご。
p.56 ℓ.12　⑩ 腐乱した臭気〔　〕。
ℓ.14　⑪ 嗅覚を奪〔　〕った。
p.58 ℓ.14　⑫ 慌〔　〕てふためいた。
p.59 ℓ.12　⑬ 仕事が成就〔　〕する。
p.60 ℓ.11　⑭ 存外〔　〕平凡な答え。
ℓ.13　⑮ 気色〔　〕が通じる。
p.62 ℓ.5　⑯ 老婆を捕〔　〕らえた。
p.63 ℓ.4　⑰ はしごを駆〔　〕け下りた。

語句

知識・技能

1 次の太字の語句の意味を調べなさい。

p.54 ℓ.4　① 何度も同じ道を低回する。
〔　〕
p.57 ℓ.5　② 暫時は息をするのさえ忘れていた。
〔　〕

2 次の空欄にあとから適語を選んで入れなさい。

p.53 ℓ.1　① ふだんなら、〔　〕、主人の家へ帰るべきはずである。
p.55 ℓ.3　② 上なら、人がいたにしても、〔　〕死人ばかりである。
p.57 ℓ.15　③ 〔　〕下人は、なんの未練もなく、飢え死にを選んだことであろう。
（もちろん　おそらく　どうせ）

3 次の語句を使って短文を作りなさい。

p.55 ℓ.10　① たかをくくる
〔　〕
p.57 ℓ.12　② 語弊がある
〔　〕

展開の把握

1 次の空欄に本文中の語句を入れて、各場面における下人の行動や心理をまとめなさい。 ▼学習一

第一段落 (初め～ p.55 ℓ.5)	第二段落 (p.55 ℓ.6～p.58 ℓ.8)	第三段落 (p.58 ℓ.9～p.63 ℓ.4)	第四段落 (p.63 ℓ.5～終わり)
羅生門の〔ア　〕で	羅生門楼上へ出る〔カ　〕で	羅生門の楼上で	羅生門の〔シ　〕へ
主人から〔イ　〕を出された下人 ＝行く先がない ↓ 〔ウ　〕を待っていた 〔エ　〕する 〔オ　〕になる ↓ 選択しかねている	下人 楼上に人の気配を察し、息を殺しながら上の様子をうかがう。 ＝老婆が死人の〔キ　〕を抜いているのを見た 〔ク　〕に対する反感 ↓ 勢いよく燃え上がった	下人 → 老婆を捕らえる 「何をしていたか」 「それはなぜか」 ・悪いことをした者は悪いことをされても大目に見てくれる ・飢え死にしないために〔ケ　〕する悪は許される 老婆の論理 ↓ 〔コ　〕になる勇気が生まれる 老婆から〔サ　〕を奪い、はしごを駆け下りる	外には、〔ス　〕たる夜があるばかりである。 下人の〔セ　〕は、誰も知らない。

2 次の空欄に第一段落中の語句を入れて、場面設定と主人公の人物設定をまとめなさい。 ▼学習二 思考力・判断力・表現力

場面設定

- **場所** 〔ア　〕の下
- **時代** 〔イ　〕朝
- **季節** 夕冷え・〔ウ　〕が欲しいほどの寒さ　↓秋
- **時間** 〔エ　〕・〔オ　〕・〔カ　〕

主人公の人物設定

- **呼び方** 〔キ　〕
- **年齢** 右の頰に〔ク　〕＝若い
- **境遇** 主人から〔ケ　〕を出された

主題

●次の空欄に本文中の語句を入れて、全体の主題を整理しなさい。 思考力・判断力・表現力

主人に暇を出され、行く先のない下人は、〔ア　〕の下で雨やみを待っている。途方に暮れていた下人は、〔イ　〕をするか〔ウ　〕になるか選びかねていた。楼の上で正義感から老婆を捕らえたが、〔エ　〕に対する悪は許される、しかたがなくする〔オ　〕は許されるという老婆の言い分を契機に、〔カ　〕になる勇気を持つ。災いや飢饉《ききん》が続き、世の中が乱れているという極限状況において、人間の心理がいかなるものであるかを描いている。

内容の理解

思考力・判断力・表現力

第一段落（初め〜p.55 ℓ.5）

1 「そのかわり……来るのである。」（五三・6〜10）における「からす」の描写は、どのような雰囲気を表しているか。次から選びなさい。 ▼脚問2

ア 明るい雰囲気　イ 優雅な雰囲気

ウ 不気味な雰囲気 〔　　〕

2 「雨は、羅生門を包んで、……雲を支えている。」（五三・13〜15）という描写は、どのような効果をもたらしているか。次から選びなさい。

ア 雨がだんだんひどくなり、辺りが暗くなっていく様子を強調する効果。

イ 空模様と同様に、下人の心情も、暗く重苦しいものであることを暗示する効果。

ウ 平安時代という時代が、暗くじめじめしていた時代であると思わせる効果。 〔　　〕

3 「しかしこの『すれば』は、……結局『すれば』であった。」（五四・5〜6）とは、具体的にどのようなことか。本文中から抜き出し、初めと終わりの六字で答えなさい。（句読点は含めない）

□□□□□□ 〜 □□□□□□

4 作者が「下人」の呼び方を「一人の男」（五五・7）に変えた最も適当な理由を次から選びなさい。 ▼脚問4

ア 呼び方を変えることによって、文章に変化を出すため。

イ 客観的に表現し直すことによって、下人に改めて焦点をあてるため。

ウ 下人の孤独な境遇を強調することで、読者の関心を引きつけるため。 〔　　〕

第二段落（p.55 ℓ.6〜p.58 ℓ.8）

5 「ある強い感情」（五六・13）はこの部分よりあとでどう言い換えられているか。本文中から十五字以内で抜き出しなさい。 ▼脚問6

6 「猿のような老婆」（五七・1）について、次の問いに答えなさい。

(1) 比喩の種類を漢字で答えなさい。

(2) どのような老婆か。次から選びなさい。

ア 猿のようにうずくまり、小さくなっている異様な老婆。

イ 猿のように顔がしわくちゃで、愛嬌《あいきょう》のある動きをする老婆。

ウ 猿のように運動神経が発達していて、年齢のわりには敏捷《びんしょう》な老婆。 〔　　〕

7 「その髪の毛が、一本ずつ抜けるのに従って、下人の心からは、恐怖が少しずつ消えていった」（五七・10）のはなぜか。次から選びなさい。

ア 老婆が何をしているかがわかってきたから。

イ 老婆よりも自分のほうが強いとわかってきたから。

ウ 闇夜の暗さや羅生門の不気味さに慣れてきたから。 〔　　〕

第二段落

8 「下人は、なんの未練もなく、飢え死にを選んだことであろう。」（五七・15）とあるが、下人に「飢え死に」を選ばせる感情とは、どのような感情か。本文中から十字程度で抜き出しなさい。

第三段落（p.58 ℓ.9〜p.63 ℓ.4）

9 「これだぞよ。」（五九・5）とは、どのようなことを言っているのか。十五字以内でわかりやすく答えなさい。

10 「安らかな得意と満足」（五九・13）とは、この場合どのようなことに対する満足か。次から選びなさい。

ア　怪しい老婆をたやすく取り押さえた満足感。
イ　老婆が何をしていたか明白になった満足感。
ウ　老婆の生死を左右することができる満足感。

11 「冷ややかな侮蔑」（六〇・12）の心が生まれてきたのはなぜか。本文中の語句を用いて、二十字以内で答えなさい。

12 「ある勇気」（六二・3）とは、どのような勇気か。本文中の語句を用いて、簡潔に答えなさい。　脚問11

第三段落（p.58 ℓ.9〜p.63 ℓ.4）

13 「この老婆を捕らえたときの勇気」（六二・5）とは、どのような勇気か。本文中の語句を用いて答えなさい。

14 「下人は嘲るような声で念を押した」（六二・11）のはなぜか。次から選びなさい。　脚問12

ア　下人は盗人《ぬすびと》になる決断をしたが、老婆の言ったことが愚かしく思え、そんな考えで大丈夫かと疑念を抱いたから。
イ　下人が盗人になる決心を後押ししたことも、その最初の被害者になることも気づかない老婆を見下す気持ちが湧いたから。
ウ　下人は盗人になる決断をしたが、このような老婆の言葉に左右された自分が愚かしく思えたから。

15 「俺もそうしなければ、飢え死にをする体なのだ。」（六二・14）と言った下人は、どのような理屈を考えたのか。「〜は許される。」に続く形で、十五字以内で答えなさい。　学習四

は許される。

全体

16 この作品では「にきび」について繰り返し言及されているが、「不意に右の手をにきびから離して」（六二・12）に着目すると、「にきび」はどのようなことを象徴していると考えられるか。次から選びなさい。

ア　下人の身体の力強さ。
イ　下人の心の迷い。
ウ　下人の過去の罪。

学習目標　『羅生門』と『今昔物語集』を違いに着目して読み比べる。

活動　『羅生門』と『今昔物語集』との読み比べ

教科書p.50〜p.64

検印

○『羅生門《らしょうもん》』の典拠となった『今昔物語集』の「羅城門《らしょうもん》の上層《うはこし》に登りて死人を見たる盗人の語《こと》」の口語訳を読んで、あとの問いに答えなさい。　▼活動一

今となっては昔の話だが、＊摂津の国のあたりから、盗みをしようというつもりで京に上って来た男が、日がまだ暮れなかったので、羅城門の下に隠れ立っていたが、朱雀《すざく》大路のほうでは人々が頻繁に行き来するので、人通りが静まるまでと思って、門の下に立って時の過ぎるのを待って立っていたところ、山城の方面から人々が大勢来る音がしたので、やって来る人々に姿を見られまいと思って、門の二階にそっとよじ登ったが、見ると、灯がぼんやりとともっている。

盗人は、おかしなことだと思って、＊連子《れんじ》窓からのぞいたところ、若い女で、死んで横たわっている女がいる。その枕元に灯をともして、ひどく年老いた老婆で、髪の白い老婆が、その死人の枕元に座って、死人の髪の毛を手荒くぐいぐいと抜き取っているのであった。

盗人はこれを見ると、どうにも合点がいかないので、これはもしかしたら鬼ではなかろうかと思ってぞっとしたが、もしかしたら死人であるかもしれない、ひとつ脅して試してみようと思って、そっと戸を開けて、刀を抜いて、「こいつめ。」と言って走りかかったところ、老婆は、あわてふためいて、手をもんでおろおろするので、盗人が、「おまえはいったい何者だ。婆《ばあ》さんが何をしているのだ。」と聞いたところ、老婆は、「私の主人でいらっしゃる方が、お亡くなりになられたのを、弔いをしてくれる人がいないので、こうしてここに置き申し上げているのです。そのおぐしが身の丈以上に長いので、それを抜き取ってかつらにしようと思って抜いているのです。どうかお助けください。」と言ったところ、盗人は、死人の着ていた着物と老婆の着ていた着物と、抜き取ってあった髪の毛とを奪い取って、駆け下りて逃げ去った。

ところで、その門の二階には、死人の骸骨がたくさんあった。死んだ人で、葬式などできない人を、この門の上に捨て置いたのであった。

この話は、その盗人が他の人に語ったのを聞き継いで、このように語り伝えたとかいうことである。

語注

＊**摂津の国**…旧国名の一つ。現在の大阪府北西部と兵庫県南東部あたり。　＊**連子窓**…細い角材を縦または横にすき間をあけて並べた窓。

今昔物語集　説話集。編者未詳。平安時代後期の十二世紀前半に成立。三十一巻、一千有余の説話から成る。天竺（インド）、震旦（中国）、本朝（日本）の三部に分かれ、仏教的な説話が三分の二を占めるが、世俗的なものも多い。

内容の理解

新傾向 『今昔物語集』と『羅生門』の違いをまとめた次の表と、表を見て話し合いをしている様子を示した会話文を読んで、あとの問いに答えなさい。　思考力・判断力・表現力

	『今昔物語集』	『羅生門』
主人公	〔　①　〕をするつもりで京に上って来た男。	主人から暇を出された下人。
老婆の行為を見たときの感情	どうにも〔　②　〕がいかない。	あらゆる悪に対する憎悪。
老婆が髪の毛を抜いた相手（死人）	老婆の〔　③　〕。	蛇を干し魚と偽って売っていた女。
主人公が盗んだもの	・死人の髪の毛。 ・死人の〔　④　〕。 ・老婆の着物。	老婆の着物のみ。
結末	主人公が〔　⑤　〕に語ったので話が広まった。	主人公の行方はわからない。

生徒A：『今昔物語集』では、主人公が初めから盗人《ぬすびと》であったのに対して、『羅生門』では、主人から暇を出された下人が、老婆と出会うことで、盗人になってしまっているね。

生徒B：そうだね。下人は老婆が死人から髪の毛を盗んでいるのを見たとき、「激しい憎悪」を感じているね。つまり、［Ⅰ］。

生徒C：それが、老婆の言い分を聞いているうちに変わって、最終的には盗人になることを決意したんだね。

生徒D：その点は、『今昔物語集』の主人公とは異なっているね。

生徒E：『羅生門』の下人は老婆の言い分をどう解釈したんだろう。

生徒F：［Ⅱ］をしないために、老婆が髪を抜いた女は蛇を干し魚と偽って売り、老婆は死人の髪を抜いて売る。それならば、自分も［Ⅱ］をしないために老婆の着物を剝ぐのは許されるという結論になったんだ。

生徒G：つまり、作者である芥川龍之介《あくたがわりゅうのすけ》は、この作品で［Ⅲ］を描きたかったのではないかな。

1 空欄①～⑤にあてはまる言葉を『今昔物語集』の口語訳から抜き出しなさい。

①　　②　　③　　④　　⑤

2 空欄Ⅰにあてはまる最も適当な言葉を次から選びなさい。

ア　自分が盗人になることがよいことだとは思わなかったんだよね。
イ　自分は盗人には決してなるまいと思っていたんだよね。
ウ　自分が盗人であることを恥じていたんだよね。　〔　　〕

3 空欄Ⅱにあてはまる言葉を『羅生門』から四字で抜き出しなさい。

4 空欄Ⅲにあてはまる最も適当な言葉を次から選びなさい。

ア　生きるために仕方なく悪を行うか、自分の誉れのため飢え死にを受け入れるかという心の葛藤。
イ　たとえ生きるためには仕方がないと感じられたとしても、悪を行うことは決して許されないという訓戒。
ウ　悪だと分かっていても、自分が生きのびるためにそれを肯定し、実践してしまう人間の利己的な考え。　〔　　〕

公園（三崎亜記）

教科書p.66〜p.77

検印

漢字

1 太字の仮名を漢字に直しなさい。

①（p.66 下ℓ.6）**ねんき**〔　　〕の入った道具。
②（p.67 上ℓ.18）**きがい**〔　　〕のある自治体。
③（p.67 下ℓ.19）**いこ**〔　　〕いの場。
④（p.68 下ℓ.11）入り口を**せじょう**〔　　〕する。
⑤（p.69 上ℓ.1）緊縮財政に**おちい**〔　　〕る。
⑥（p.69 下ℓ.10）**せいやくしょ**〔　　〕を書く。
⑦（p.70 上ℓ.13）一時的に**あず**〔　　〕ける。
⑧（p.70 下ℓ.2）**けねん**〔　　〕を抱く。
⑨（p.71 上ℓ.12）**かくう**〔　　〕の芸術作品。
⑩（p.71 下ℓ.9）足を**ふ**〔　　〕み外す。
⑪（p.72 上ℓ.14）立つことを**し**〔　　〕いる。
⑫（p.72 下ℓ.6）**せま**〔　　〕い公園。
⑬（p.73 上ℓ.1）**ついおく**〔　　〕の中の風景。
⑭（p.73 下ℓ.2）税金が**かんわ**〔　　〕される。
⑮（p.74 下ℓ.7）睡眠時間を**けず**〔　　〕る。
⑯（p.75 上ℓ.1）情報を**かいせき**〔　　〕する。
⑰（p.75 下ℓ.4）缶を**け**〔　　〕る。

2 太字の漢字の読みを記しなさい。　知識・技能

①（p.66 上ℓ.6）座り込んでの**歓談**〔　　〕。
②（p.66 下ℓ.13）**背後**〔　　〕をさし示す。
③（p.67 上ℓ.15）日常**茶飯事**〔　　〕だ。
④（p.68 下ℓ.9）**不祥事**〔　　〕が起こる。
⑤（p.68 下ℓ.14）**芝生**〔　　〕が植えられた。
⑥（p.69 上ℓ.1）財政**破綻**〔　　〕の危機。
⑦（p.69 下ℓ.19）概念から**逸脱**〔　　〕する。
⑧（p.70 上ℓ.9）**蓋**〔　　〕を開ける。
⑨（p.70 下ℓ.3）完全に**払拭**〔　　〕する。
⑩（p.71 上ℓ.12）**前衛**〔　　〕芸術作品。
⑪（p.72 上ℓ.15）心身が**消耗**〔　　〕する。
⑫（p.73 上ℓ.12）税金が**跳**〔　　〕ね上がる。
⑬（p.73 下ℓ.16）**著**〔　　〕しい減少。
⑭（p.74 上ℓ.5）不安を**醸成**〔　　〕する。
⑮（p.74 上ℓ.18）**過剰**〔　　〕に関与する。
⑯（p.74 下ℓ.10）**葛藤**〔　　〕に苦しむ。
⑰（p.76 上ℓ.3）いちばんの**供養**〔　　〕になる。

語句

1 次の太字の語句の意味を調べなさい。　知識・技能

①（p.67 上ℓ.13）子供が**羽目を外す**。
〔　　〕
②（p.70 上ℓ.9）**有無を言わさず**、外に連れ出した。
〔　　〕

2 次の空欄にあとから適語を選んで入れなさい。

①（p.66 下ℓ.5）男は〔　　〕、私をじろじろと眺め回した。
②（p.71 下ℓ.12）管理人は、〔　　〕首を振り、ため息をついた。
（やるせなさそうに　うさん臭そうに）

3 次の語句を使って短文を作りなさい。

①（p.69 上ℓ.4）矢面に立つ
〔　　〕
②（p.76 上ℓ.11）風のうわさ
〔　　〕

展開の把握

1 空欄に本文中の語句を入れて、内容を整理しなさい。 ▼学習一

第一段落 （初め〜p.69上 ℓ.6）	第二段落 （p.69上ℓ.7〜p.71上 ℓ.2）	第三段落 （p.71上 ℓ.3〜p.72下 ℓ.16）	第四段落 （p.73上 ℓ.1〜p.74上 ℓ.5）	第五段落 （p.74上 ℓ.6〜p.75上 ℓ.7）	第六段落 （p.75上 ℓ.8〜終わり）
公園の様子と、その公園にまつわる「私」の過去			公園の外で活発に遊ぶ子供たちの姿から「私」が考えたこと		
看板に書かれた〔ア　〕を読み終えないうちに、 初老の男が出てきた。＝公園の〔イ　〕 ブランコなどの〔ウ　〕は「危険具」。→すべて〔エ　〕された。	私 禁止事項が書かれた〔オ　〕にチェックを入れ、 〔カ　〕を書き、〔キ　〕のチェックで鞄の中を見せた。 →電話（「ハンディ」）を管理人に預けると、公園の中に入った。	公園 子供たちの姿はない。 私 〔ク　〕を失った事故以来、十五年ぶりに、公園を訪れた。 〔ケ　〕ある人々 私や妻を「危険具撤去運動」の先頭に立たせた。 →結果的に私たちが、子供たちから〔コ　〕を奪ってしまった。	公園の〔サ　〕 子供たちが駆け回る。活発に外で遊ぶ子供。 要因{都会に「〔シ　〕」が増えたこと 子供の〔ス　〕発生件数の著しい〔セ　〕	子供たちが外で遊ぶようになった三つ目の理由＝AIの〔ソ　〕 AIがゲーム機の中に「善意の〔タ　〕」を蔓延させた。 子供たち ゲームを攻略し、自らの腕を上達させていく〔チ　〕を失う　→「〔ツ　〕」の世界へ回帰した。	公園 失われたが、別の形で子供たちの〔テ　〕は残された。 子供たち かつて自分たちの〔ト　〕だった公園の横をすり抜け、走り去っていった。 私 足取りは、少しだけ軽くなった。

2 次の空欄に本文中の語句を入れて、「自治体」「管理人」「良識ある人々」はどのように描かれているかをまとめなさい。 ▼学習四　思考力・判断力・表現力

自治体
〔ア　〕を背負いたくない。苦情の増加や問題発生時の〔イ　〕を回避したい。

管理人
規則や手続きに厳格だが、「私」の〔ウ　〕を自分の机の前に貼り続けている。

良識ある人々
公園や、公園での事故の遺族に、「あるべき」という無意識の〔エ　〕を向ける。

主題

●次の空欄に本文中の語句を入れて、全体の主題を整理しなさい。 思考力・判断力・表現力

「私」はこの国最後の公園を訪れる。この国にたった一つだけ残った貴重な公園には、遊具も樹木もベンチも街灯もない。〔ア　〕だから、苦情が来るからという理由で、すべて〔イ　〕されてしまったからである。それが「あるべき」公園の〔ウ　〕を求められ続けた結果だった。しかし、子供たちは今、公園の外にある〔エ　〕で遊んでいる。子供たちのたくましさを目にした「私」は、少し足取り軽く公園を後にする。

内容の理解

思考力・判断力・表現力

第一段落（初め〜p.69上 ℓ.6）

1 「男はうさん臭そうに、私をじろじろと眺め回した。」（六六・下5）とあるが、なぜそうしたのか。次から選びなさい。

ア 「私」のしている行為自体が、近ごろでは珍しかったから。

イ 「私」が公園に入りたがっているということに気づいたから。

ウ 「私」を公園で不祥事を起こす人々の一人だと思ったから。

〔　　〕

2 「私が子供のころに遊び、慣れ親しんだ『公園』とは、似ても似つかなかった」（六七・上2）とあるが、このとき「私」の目の前にはどのような空間が広がっていたか。「遊具」「芝生」という語句を用いて、三十字以内で答えなさい。

第二段落（p.69上 ℓ.7〜p.71上 ℓ.2）

3 「管理人は、思いがけないことを聞いた……しどろもどろになった。」（六九・上9〜17）とあるが、このときの管理人の心情として最も適当なものを次から選びなさい。

ア 喜びと戸惑い

イ 怒りと恥ずかしさ

ウ 驚きと混乱

〔　　〕

4 七十ページから、この小説が架空の近未来の世界を舞台として設定していることが最もよくわかる言葉を四字で抜き出しなさい。

第二段落（p.69上 ℓ.7〜p.71上 ℓ.2）

5 「わかりました。」（七〇・下8）と言ったときの「私」の考えを説明した次の文の空欄にあてはまる内容を、解答欄の形式に合うように「納得」「公園」という言葉を使って三十字以内で答えなさい。

管理人の説明に

と考えている。

第三段落（p.71上 ℓ.3〜p.72下 ℓ.16）

6 「あの事件」（七一・下1）とあるが、どのような事件だったのか。本文中の語句を用いて、簡潔にまとめなさい。

7 「遺族としての『あるべき』姿」（七三・上14）とは、どのような姿か。「〜姿。」に続く形で、本文中の語句を十五字で抜き出しなさい。

姿。

第四段落

8 「子供たちは今、……活発に外で遊んでいる。」（七三・上5〜6）とあるが、そうなった理由について七三ページに書かれていることをまとめたのが、次の文である。空欄にあてはまる語句を、本文中から抜き出しなさい。

▼学習二

第四段落（p.73上 ℓ.1～p.74上 ℓ.5）

〔 ① 〕によって、外で子供が遊ぶことのできる空間が増え、〔 ② 〕によって、親たちが安心して子供を外に送り出せるようになったからである。

①

②

第五段落（p.74上 ℓ.6～p.75上 ℓ.7）

9 「その二つの要因だけでは、子供たちが『外に出て遊ぶ』という選択肢を選ぶことはなかっただろう。」（七四・上6）とあるが、子供たちに「外に出て遊ぶ」という選択をさせた要因は何か。端的に述べた部分を本文中から五字で抜き出しなさい。 ▼学習二

10 「その『おせっかい』は、子供のゲームに対しても向けられた。」（七四・下4）とあるが、具体的に「Jークラス」は何をしたのか。そのことが端的に表現されている一文を本文中から抜き出し、初めの五字で答えなさい。

第六段落（p.75上 ℓ.8～終わり）

11 「管理人の言葉に、私は少し救われた気がした」（七五・下10）とあるが、なぜ「救われた気がした」のか。次から選びなさい。

ア 管理人も、子供たちの遊びを理解できないと分かったから。

イ 管理人の一声で、外に目を向けて気分転換ができたから。

ウ 子供たちから遊び場を奪ったという罪悪感を抱いていたが、子供たちは自分で遊び場を見いだしていたから。

〔　〕

第六段落

12 「少しだけ足取り軽く」（七六・下19）から読み取れる「私」の気持ちとして最も適当なものを次から選びなさい。 ▼学習三

ア この国で最後の公園の中に入れたことに満足する気持ち。

イ 対立していた管理人と和解できたことをうれしく思う気持ち。

ウ 子供たちが自由な空間で遊んでいることを好ましく思う気持ち。

〔　〕

全体

13 新傾向 「『自由で開かれた場所』であることを求められ続けた結果、『不自由で閉ざされた場所』へと行き着いた公園」（七一・上14）について、ある生徒がノートに次のようにまとめた。空欄にあてはまる語句を本文中からそれぞれ三字以上五字以内で抜き出しなさい。 ▼学習二

●そうなった経緯
・「自由で開かれた場所」であること。＝公園の〔 ① 〕。
←（それを実現するために……）
・事故や不祥事、苦情などが生じないよう、〔 ② 〕が増えた。
←（その結果……）
・公園は「不自由で閉ざされた場所」になった。
●そうなった要因
・直接の要因＝自治体の〔 ③ 〕。
・真の要因＝〔 ④ 〕という「あるべき」を押しつける、姿のない「誰か」の力。

①

②

③

④

清水へ

学習目標　短歌の鑑賞のしかたを理解する。

教科書 p.80～p.83

検印

漢字　知識・技能

1 太字の仮名を漢字に直しなさい。

(p.81 ℓ.1) ①**そ**〔　　〕まらない。
(ℓ.2) ②**さび**〔　　〕しくなる。
(ℓ.5) ③**きり**〔　　〕が立ち込める。
(ℓ.6) ④**まく**〔　　〕が下りる。
(ℓ.6) ⑤地下から水が**わ**〔　　〕く。
(ℓ.7) ⑥**いっぴき**〔　　〕の蟻《あり》。

2 太字の漢字の読みを記しなさい。

(p.80 ℓ.1) ①京都の**清水寺**〔　　〕へ行く。
(ℓ.1) ②**桜**〔　　〕月夜に出かける。
(ℓ.6) ③お城の草に**寝**〔　　〕ころぶ。
(p.81 ℓ.2) ④幾山河を**越**〔　　〕える。
(ℓ.4) ⑤**我**〔　　〕が道を行く。
(ℓ.9) ⑥**帽子**〔　　〕をかぶる。

語句　知識・技能

1 次の語句の意味を調べなさい。

(p.81 ℓ.1) ①かなしからずや
〔　　〕
(p.81 ℓ.2) ②はてなむ
〔　　〕

2 次の言葉が表す情景を説明しなさい。

(p.81 ℓ.3) ①しんしんと
〔　　〕
(ℓ.4) ②あかあかと
〔　　〕

作者紹介

与謝野晶子
堺《さかい》の商家に生まれ、堺女学校卒業後、一九〇〇年（明治三三）、与謝野鉄幹《てっかん》の東京新詩社の創設とともに参加し、翌年、家出して上京、鉄幹と結婚した。鉄幹・晶子は「明星《みょうじょう》」により、短歌の近代化、明治浪漫主義を主導した。また、婦人・教育問題の評論にも健筆をふるった。

石川啄木
盛岡《もりおか》中学校時代に、文学に目覚めた。一九〇二年（明治三五）与謝野鉄幹夫妻に師事すべく上京。「明星」に詩を発表した。しかし、生活ができず、故郷渋民《しぶたみ》村の小学校代用教員となる。以後、北海道に渡り、転々と職を変えた。一九〇八年（明治四一）上京、小説を書くが、文壇から認められず、窮乏生活を送る。創作意欲は短歌として表現される。

若山牧水
延岡《のべおか》中学時代から短歌を作り始める。一九〇八年（明治四一）早稲田大学卒業と同時に第一歌集『海の声』を自費出版。一九一〇年（明治四三）雑誌「創作」を創刊。この年歌集『別離』を上梓《じょうし》し、歌人としての位置が定まる。自然主義歌人の名で呼ばれ、恋・旅・酒・自然の歌に独自な世界を現出した。愛唱性に富む響きある歌が特色である。

斎藤茂吉
一九〇二年（明治三五）一高理科に入学、三年のころ正岡子規の『竹の里歌』に感動し、作歌を始めた。一九〇五年（明治三八）東大医科に入学した翌年、伊藤左千夫に師事した。「アララギ」が創刊さ

要点の整理

思考力・判断力・表現力　▼学習一

1 各歌の内容として適当なものを、それぞれあとから選びなさい。

・清水へ　〔　　〕　・夏のかぜ　〔　　〕
・はたらけど　〔　　〕　・不来方の　〔　　〕
・白鳥は　〔　　〕　・幾山河　〔　　〕
・死に近き　〔　　〕　・あかあかと　〔　　〕

ア　母親への情愛と悲しみ
イ　春の宵のはなやいだ美しい光景
ウ　赤貧そのものの現実生活
エ　ロマンチックで感傷的な少年の心
オ　高原の爽やかな夏の到来
カ　周囲に染まらない孤独な姿
キ　理想郷への憧れと人生の旅の長さ
ク　人生への強い決意

2 各歌の内容として適当なものを、それぞれあとから選びなさい。

・生き行くは　〔　　〕　・たちまちに　〔　　〕
・わがカヌー　〔　　〕　・夏蝶の　〔　　〕
・「寒いね」と　〔　　〕　・思い出の　〔　　〕

ア　恋人との別れを惜しむ相聞歌
イ　忘れがたい夏の思い出
ウ　青春期特有の彷徨《ほうこう》と自己喪失
エ　恋人どうしのぬくもり
オ　自己の世界から飛翔することの不可能性
カ　敗戦後の社会状況の反映

れると左千夫とともに参加し、やがて編集を担当する。「実相観入」の写生説を唱えるとともに『赤光』を発表し、中心的歌人となる。また、柿本人麻呂の研究家としても有名。

近藤芳美

広島二中、広島高校を経て、東京工業大学建築科卒業。清水建設勤務を経て、神奈川大学工学部教授。高校時代に作歌を始め、一九三二年（昭和七）「アララギ」に入会。戦後の「新歌人集団」の結成に参加し、戦後短歌の担い手として活躍する。人間に対する信頼と絶望にあえぎながら平和を希求する鋭い歴史意識が全業績を貫いている。

寺山修司

早稲田大学在学中に、「チェホフ祭」五十首を作り、「短歌研究」新人賞を受賞。前衛短歌運動の台頭とあいまって、塚本邦雄《つかもとくにお》、岡井隆《おかいたかし》らと短歌の近代化の一翼を担う。戯曲を書き、演劇にも活動領域を広げる。映画や小説の創作にも着手した。自ら主宰した劇団「天井桟敷」は、その前衛劇により世界で評価される。

俵万智

早稲田大学在学中に佐佐木幸綱《ゆきつな》に出会い、作歌を始め、「心の花」に入会。大学卒業後、高校の国語教員を四年間続けるが退職し創作活動に専念する。一九八六年（昭和六一）「八月の朝」で角川短歌賞受賞。一九八七年（昭和六二）『サラダ記念日』刊行。ベストセラーとなる。現代語や話し言葉を取り入れた平明な短歌は、多くの若者の支持を得ている。

内容の理解

知識・技能　思考力・判断力・表現力

与謝野晶子

1 「清水へ……」の歌について、次の問いに答えなさい。

(1) この歌は何句切れか。　〔　　〕句切れ

(2) 「こよひ逢ふ人」が「みなうつくし」いのはなぜか。次から選びなさい。

ア　人々がみな桜見物のために着飾っているから。
イ　はなやいだ雰囲気に作者が溶け込んでいるから。
ウ　歩いているのは花街《はなまち》の舞妓《まいこ》さんたちだから。　〔　　〕

2 「夏のかぜ……」の歌で、作者の目は、「牧の若馬」のどこに集中しているか。　〔　　〕

石川啄木

3 「はたらけど……」の歌の、「ぢつと手を見る」作者の心情を説明しなさい。　〔　　〕

4 「不来方の……」の歌について、次の問いに答えなさい。

(1) 「吸はれし」の「し」を文法的に説明しなさい。　〔　　〕

(2) 「十五の心」とは、どういう心か。次から選びなさい。

ア　寂しさや悲しさに耐え切れない心。
イ　出世して名を広めたいと思う心。
ウ　純粋でロマンチックな心。　〔　　〕

若山牧水

5 「白鳥は……」の歌について、次の問いに答えなさい。

(1) 全く違う二つの色が効果的に使われている。何色と何色か。　〔　　〕色と〔　　〕色

(2) 作者が「白鳥」の姿に感じたものは何か。次から選びなさい。

ア　傲慢
イ　悲運
ウ　孤愁　〔　　〕

6 「幾山河……」の歌の中心となる部分を抜き出しなさい。　〔　　〕

斎藤茂吉

7 「死に近き……」の歌の、「遠田のかはづ天に聞ゆる」とは、どういう意味か。次から選びなさい。

ア　かはづが天に向かって鳴いているように聞こえる。
イ　かはづの声が天と遠田の中間から聞こえてくる。
ウ　かはづの声が天から降るように聞こえてくる。　〔　　〕

8 「あかあかと……」の歌について、次の問いに答えなさい。

(1) 「一本の道」と同じ意味を持つ語句を抜き出しなさい。　〔　　〕

(2) 枕詞を抜き出しなさい。　〔　　〕

近藤芳美

9 「たちまちに……」の歌について、次の問いに答えなさい。

(1) 「君」とは誰をさすか。次から選びなさい。

ア 友人
イ 同僚
ウ 恋人

(2) この歌の評として最も適当なものを次から選びなさい。

ア 映画の一場面のような映像的な鮮明さが感じられる。
イ 夢幻的な情景から綿密で哲学的な思惟を導き出している。
ウ 空想の世界から突然現実へと引き戻される瞬間を捉えている。

10 「生き行くは……」の歌で、「涙」が「湧」いたのは誰か。次から選びなさい。

ア 歌手
イ 観客
ウ 作者

寺山修司

11 「夏蝶の……」の歌について、次の問いに答えなさい。

(1) 「わが影」とは、何のどういう影か。

(2) この歌の主題を、次から選びなさい。

ア 現実世界の虚妄性
イ 現実世界の不条理性
ウ 現実世界の限界性

12 「わがカヌー……」の歌について、次の問いに答えなさい。

(1) 「カヌー」「川ぎし」はそれぞれ何の比喩か。

カヌー

川ぎし

(2) この歌の主題を、次から選びなさい。

ア 自己嫌悪
イ 自己喪失
ウ 自己弁護

13 「思い出の……」の歌で、「麦わら帽子のへこみ」を「そのままにしておく」のはなぜか。説明しなさい。

俵万智

14 新傾向 「寒いね……」の歌について整理した次の図の空欄①〜③にあてはまる言葉を答えなさい。

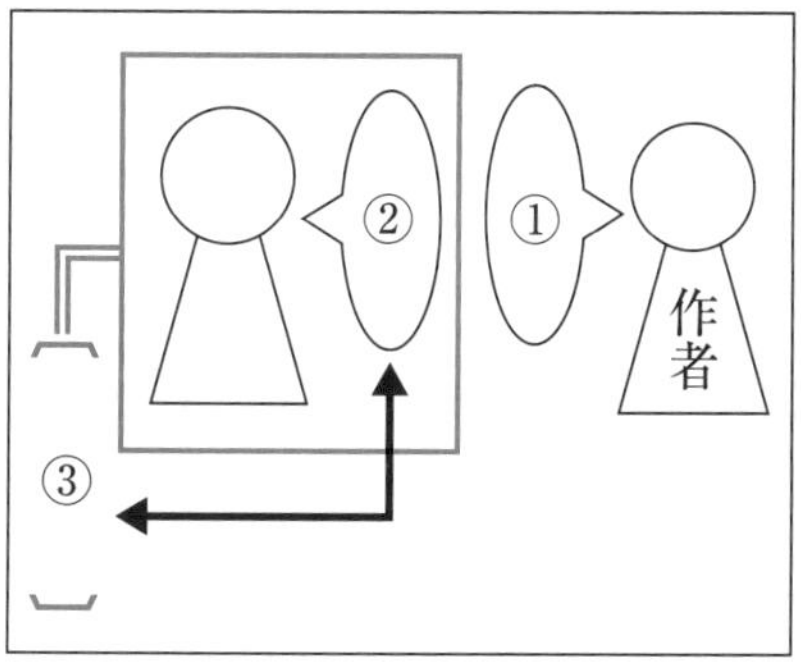

①

②

③

学習目標　俳句の鑑賞のしかたを理解する。

手毬唄

教科書p.84～p.87

検印

漢字　知識・技能

1 太字の仮名を漢字に直しなさい。

p.84 ℓ.2 ①青くかすむ**とおやま**〔　　〕。
ℓ.5 ②**ちゅう**〔　　〕に浮く。
ℓ.6 ③**ぐんじょう**〔　　〕色の空。
p.85 ℓ.1 ④自然の懐に**だ**〔　　〕かれる。
ℓ.1 ⑤**いき**〔　　〕がつまる。
ℓ.7 ⑥**わんきょく**〔　　〕した入江。
ℓ.8 ⑦**けいこう**〔　　〕灯をつける。

2 太字の漢字の読みを記しなさい。

p.84 ℓ.2 ①**枯野**〔　　〕が広がる。
ℓ.6 ②**滝**〔　　〕に打たれる。
p.85 ℓ.2 ③**乳母車**〔　　〕の赤ん坊。
ℓ.3 ④**万緑**〔　　〕の山々。
ℓ.4 ⑤母校の**校塔**〔　　〕を仰ぐ。
ℓ.4 ⑥高校を**卒業**〔　　〕する。
ℓ.7 ⑦**爆心地**〔　　〕を訪れる。

語句　知識・技能

1 次の語句の意味を調べなさい。

p.84 ℓ.2 ①枯野〔　　〕
p.85 ℓ.3 ②吾子〔　　〕

2 次の言葉が表す情景を説明しなさい。

p.84 ℓ.1 ①かなし〔　　〕
ℓ.4 ②しぐれる〔　　〕

作者紹介

高浜虚子

一八九一年（明治二四）、中学在学中、級友河東《かわひがし》碧梧桐《へきごとう》を通じて正岡子規《まさおかしき》を知り、俳句の道へ進む。「虚子」の名は、子規の命名により本名の「清《きよし》」をもじったものである。俳誌「ホトトギス」の刊行に尽力し、子規の写生説を受け継ぎ、「花鳥諷詠《かちょうふうえい》」を提唱する。己を棄ててただひたすらに自然に帰一することを唱える。句集に『虚子句集』『五百句』『句日記』などがある。

種田山頭火

最初、河東碧梧桐の新傾向俳句に興味を示す。その後荻原井泉水《おぎわらせいせんすい》の「俳句は象徴の詩である」という主張に影響される。山頭火の俳号で井泉水主宰の『層雲《そううん》』に投稿し始めたのは、一九一三年（大正二）五月からである。句風は自由律で、平明・無技巧な表現の中に、鬱・倦怠感《けんたいかん》を漂わせる。『草木塔《そうもくとう》』は、山頭火自選の一代句集。

水原秋桜子

初期、短歌で窪田空穂《くぼたうつぼ》に教えられた「歌は調べなり」を俳句で活《い》かすことを試みる。一九二二年（大正一一）より「ホトトギス」に投句を始め、高浜虚子の指導を受けたが、虚子の「客観写生」提唱に対し、秋桜子は「調べ」によって主観を表現しようとした。「ホトトギス」離脱後は、清澄な叙情世界を推し進め、一九三四年（昭和九）ごろからは「静境」ともいうべき傾向を見せる。多くの俊秀を育て、長年、俳人協会会長を務める。句集に『葛飾《かつしか》』『新樹』『秋苑《しゅうえん》』などがある。

要点の整理

思考力・判断力・表現力

1 各句の内容として適当なものを、それぞれあとから選びなさい。 ▼学習二

・手毬唄〔　　〕　・遠山に〔　　〕
・分け入っても〔　　〕　・うしろすがたの〔　　〕
・吊橋や〔　　〕　・滝落ちて〔　　〕
・雪はげし〔　　〕　・乳母車〔　　〕

ア　哀感と可憐な美しさ
イ　緊張感と不安感の入りまじった感覚
ウ　山中への放浪の旅
エ　力強い風景と激しい魂の揺るぎ
オ　旅を続ける自分への自嘲
カ　遠景と近景の対照
キ　吹雪で思い出す今は亡き夫の強い愛情
ク　狂暴なものと可憐なものの対立

2 各句の内容として適当なものを、それぞれあとから選びなさい。 ▼学習二

・万緑の〔　　〕　・校塔に〔　　〕
・鰯雲〔　　〕　・隠岐やいま〔　　〕
・湾曲し〔　　〕　・銀行員等〔　　〕

ア　緑と白との対照
イ　サラリーマンの姿
ウ　厳しい風土での生の躍動の情景
エ　喜びと希望の雰囲気
オ　具象と心情との類似の発見
カ　永遠に消えない精神の傷痕

3 各句の季語を〔　〕に、季節を（　）に記入しなさい。 ▼学習一

・手毬唄〔　　〕（　　）　・遠山に〔　　〕（　　）
・吊橋や〔　　〕（　　）　・滝落ちて〔　　〕（　　）
・雪はげし〔　　〕（　　）　・乳母車〔　　〕（　　）
・万緑の〔　　〕（　　）　・校塔に〔　　〕（　　）
・鰯雲〔　　〕（　　）　・隠岐やいま〔　　〕（　　）

橋本多佳子

一九二九年（昭和四）、「ホトトギス」四百号記念大会で山口誓子と出会い、一九三五年（昭和一〇）一月より本格的に山口誓子から指導を受ける。また、俳句の方法として誓子の「写生構成」を学ぶ。その本質は根源探求にあり、多佳子は、それを女情の表現に求めたと言えよう。

中村草田男

東大在学中に斎藤茂吉の歌集を読み、詩歌に開眼。一九二九年（昭和四）、初めて高浜虚子を訪ねる。その年の九月から「ホトトギス」に投句。水原秋桜子の指導を受ける。伝統俳句の定型・季語を継承しながら、内面の人生的欲求を盛り込んでいこうとした。句集に『長子《ちょうし》』『火の島』『万緑』などがある。

加藤楸邨

中学時代『鬼城句集』を愛誦《あいしょう》した。鬼城の自己の苦しい境涯に根ざした庶民・弱者の感情をうたった作風に共鳴する。その後、水原秋桜子に師事し、「馬酔木《あしび》」に投句。後、句風が師秋桜子と相いれず、一九四二年（昭和一七）「馬酔木」同人を離脱。楸邨の句風は、「人間探求派」と呼ばれ、日常生活と人間を俳句で表現する。

金子兜太

一九三七年（昭和一二）、旧制高校入学後、俳句を始め、「寒雷」等に投句。自身を「青春時代」と「戦後を通しての思想的自覚の過程」とに分け、「歴史・社会的自己」の確立を目ざした。

内容の理解

知識・技能　思考力・判断力・表現力

高浜虚子

1 「手毬唄……」の句について、次の問いに答えなさい。

(1) ①「かなし」いものと、②「うつくし」いものとは何か。それぞれ次から選びなさい。

ア　手毬唄がやがて歌われなくなること。
イ　手毬歌の歌詞の内容。
ウ　手毬唄を歌う少女の生活。
エ　手毬唄を歌う少女の声。
オ　手毬唄を聞く人の心。

①〔　　〕②〔　　〕

(2) この句のように、末尾を連用形で止める技法を何というか。

〔　　〕

2 「遠山に……」の句について、鑑賞文の空欄にあとの語群から適当な語句を選び記号で答えなさい。

〔①〕であろうか。寒々とした〔②〕の中で、日の当たった〔③〕だけが、何か心の救い、支えとなる。日の当たった〔③〕によって〔④〕が生色を取り戻す。彼方の〔⑤〕が〔⑥〕に灯火をともす。

ア　遠山　イ　一つの山　ウ　夕景
エ　蕭条《しょうじょう》たる心　オ　枯野の全景　カ　冬枯れの景色

①〔　　〕②〔　　〕③〔　　〕
④〔　　〕⑤〔　　〕⑥〔　　〕

種田山頭火

3 「分け入つても……」の句の前書きに、「大正十五年四月、解くすべもない惑ひを背負うて、行乞《ぎょうこつ》流転の旅に出た」とある。この俳人の言う、人間の心の中に宿る「解くすべもない惑ひ」とは何か。漢字二字で答えなさい。

〔　　〕

種田山頭火

4 「うしろすがたの……」の句は、俳句の定型である五七五にとらわれていない。このような韻律の俳句を何というか。

〔　　〕俳句

水原秋桜子

5 「吊橋や……」の句の「百歩の宙」は何を表現したものか。次から選びなさい。

ア　作者の沈んだ気持ち。
イ　秋風のさわやかさ。
ウ　吊橋の長さと高さ。

〔　　〕

6 「滝落ちて……」の句の「群青世界」は、滝つぼと何が一体となった世界か。簡潔に答えなさい。

〔　　〕

橋本多佳子

7 「雪はげし……」の句から受けるイメージを次から選びなさい。

ア　今と同じような吹雪のときの夫の愛情の深さ。
イ　あまりの雪の激しさに呼吸できない苦しさ。
ウ　人間の存在の哀れさに対して自然の偉大さ。

〔　　〕

8 「乳母車……」の句は、対照される語句の用い方に、そのおもしろさがある。それはどの語句か。句の中から抜き出しなさい。

〔　　〕と〔　　〕

中村草田男

9「万緑の……」の句について、次の問いに答えなさい。

(1)この句には色彩の対比が見られるが、何色と何色か。

（　　　）色と（　　　）色

(2)この句には、漢語と和語との対比が見られる。それぞれ句の中から抜き出しなさい。

漢語（　　　）　和語（　　　）

10「校塔に……」の句全体から受ける印象を次から選びなさい。

ア　悲しみと不安。　イ　喜びと希望。

ウ　停滞感と怒り。

（　　）

加藤楸邨

11「鰯雲……」の句で、「鰯雲」のイメージから感じられることとして適当なものを、次から選びなさい。

ア　孤独・絶望　イ　微妙・繊細　ウ　優雅・華麗

（　　）

12「隠岐やいま……」の句の「隠岐やいま」に込められた思いを整理した次の文の空欄①にあてはまる人物名をあとのア〜ウから選びなさい。また、空欄②にあてはまる語を答えなさい。

「隠岐やいま」には、承久の乱で敗れて流された〔①〕の悲運の歴史を持つ島に「いま」訪れたのだという感動と、厳しい冬を耐えぬいた離島の〔②〕に、「いま」こそ来合わせたという感動が込められている。

①　ア　醍醐天皇　イ　後白河院　ウ　後鳥羽院

（　　）

②（　　　　）

金子兜太

13「湾曲し……」の句について、次の問いに答えなさい。

(1)この句のように、季語のない俳句を何というか。

（　　　　）

(2)「湾曲し火傷し爆心地の」と、原爆のイメージ・リズムを重複させるところから生じるこの句の主題を、次から選びなさい。

ア　遠い過去の出来事との決別。

イ　永遠に消えることのない精神の傷痕やうずき。

ウ　月日の経過とともに薄らぐ過去の記憶。

（　　）

14「銀行員等……」の句について、次の問いに答えなさい。

(1)「銀行員等」と「烏賊」に共通するイメージを整理した次の図の空欄にあてはまる語を答えなさい。

銀行員等 ⇨	〔①〕が点灯する店内で働く。 ⇨	青白い〔③〕の中で生きているというイメージ。
烏賊 ⇨	〔②〕の中で青白く光りながら生息する。 ⇨	

①（　　　）　②（　　　）　③（　　　）

(2)「銀行員等……」の句にも見られる、昭和三十四年ごろから、金子兜太らによって行われた主張を次から選びなさい。

ア　月並俳句

イ　根源俳句

ウ　前衛俳句

（　　）

学習目標　「夢」という非日常性を持った世界を描いた小説を読解する。

夢十夜（夏目漱石）

教科書 p.90～p.98

検印

漢字

1 太字の仮名を漢字に直しなさい。

p.90 ℓ.2 ①**うでぐ**〔　　〕みをする。
p.90 ℓ.3 ②長い髪を枕に**し**〔　　〕く。
p.90 ℓ.9 ③姿が**あざ**〔　　〕やかに浮かぶ。
p.91 ℓ.3 ④**だいじょうぶ**〔　　〕だろうね。
p.91 ℓ.4 ⑤**ねむ**〔　　〕そうな表情。
p.91 ℓ.14 ⑥日が**しず**〔　　〕む。
p.92 ℓ.6 ⑦**なみだ**〔　　〕が流れる。
p.92 ℓ.9 ⑧**しめ**〔　　〕った土の匂い。
p.93 ℓ.3 ⑨日が**のぼ**〔　　〕る。
p.93 ℓ.9 ⑩青い**くき**〔　　〕。
p.94 ℓ.1 ⑪**におう**〔　　〕を刻む。
p.94 ℓ.9 ⑫**たいくつ**〔　　〕する。
p.95 ℓ.8 ⑬**つ**〔　　〕り合いがとれない。
p.96 ℓ.4 ⑭天下の**えいゆう**〔　　〕。
p.96 ℓ.10 ⑮木を**けず**〔　　〕る。
p.97 ℓ.8 ⑯**いきお**〔　　〕いよく彫る。
p.97 ℓ.12 ⑰**さと**〔　　〕りを開く。

2 太字の漢字の読みを記しなさい。　知識・技能

p.90 ℓ.3 ①**輪郭**〔　　〕の柔らかな顔。
p.90 ℓ.8 ②**潤**〔　　〕いのある目。
p.91 ℓ.2 ③**透**〔　　〕き通るような黒目。
p.91 ℓ.10 ④大きな**真珠**〔　　〕貝。
p.92 ℓ.5 ⑤像が**崩**〔　　〕れる。
p.92 ℓ.8 ⑥**滑**〔　　〕らかな曲線。
p.92 ℓ.8 ⑦**縁**〔　　〕の鋭い貝。
p.93 ℓ.2 ⑧自分で**勘定**〔　　〕する。
p.93 ℓ.6 ⑨日が頭の上を通り**越**〔　　〕す。
p.93 ℓ.13 ⑩ぽたりと**露**〔　　〕が落ちる。
p.93 ℓ.14 ⑪水が**滴**〔　　〕る。
p.93 ℓ.15 ⑫**暁**〔　　〕の星。
p.94 ℓ.2 ⑬**下馬評**〔　　〕が高い。
p.94 ℓ.5 ⑭**目障**〔　　〕りになる。
p.96 ℓ.5 ⑮急に**褒**〔　　〕め出す。
p.96 ℓ.10 ⑯**堅**〔　　〕い木。
p.96 ℓ.12 ⑰**無遠慮**〔　　〕な様子。

語句

1 次の太字の語句の意味を調べなさい。　知識・技能

p.91 ℓ.3 ①**ねんごろに**言葉をかけた。
〔　　　　〕
ℓ.6 ②**一心に**聞く。
〔　　　　〕
p.93 ℓ.12 ③**骨にこたえる**寒さ。
〔　　　　〕
p.94 ℓ.2 ④**下馬評に上がる**。
〔　　　　〕
p.95 ℓ.4 ⑤**委細頓着《とんじゃく》しない**。
〔　　　　〕

2 次の空欄に適語を入れなさい。

p.90 ℓ.5 ①とうてい死にそうには見え〔　　〕。
p.94 ℓ.11 ②骨の〔　　〕作業をする。

3 次の語句を使って短文を作りなさい。

p.96 ℓ.4 ①眼中
〔　　　　〕

展開の把握

〔第一夜〕

1 次の空欄に本文中の語句を入れて、内容を整理しなさい。 学習一

第一段落（初め～p.92 ℓ.7）	第二段落（p.92 ℓ.8～p.93 ℓ.4）	第三段落（p.93 ℓ.5～終わり）
女との約束とその死	女の埋葬と待つ日々	女との再会
女「もう死にます」と言うが、死にそうに見えない。 大きな潤いのある目を開ける。 →真っ黒な瞳の奥に〔ア　〕が浮かんでいる。 「死んだら、埋めてください。」 約束 ・大きな〔イ　〕で穴を掘る ・天から落ちてくる〔ウ　〕を墓標《はかじるし》に置く 「〔エ　〕、私《わたくし》の〔オ　〕のそばに座って待っていてください。 きっと〔カ　〕から。」	自分 ・女を埋葬した。 ＝約束通り、真珠貝で穴を掘り、女を埋めて土をかけ、星の破片を土の上にのせた。 ・〔キ　〕の上に座る。 →これから百年の間こうして〔ク　〕んだな。 ・赤い日が東から登り、西に沈むのを、一つ二つと〔ケ　〕して日々を過ごす。	○百年がまだ来ない。 自分→女にだまされたのではなかろうか。 ○石の下から〔コ　〕が伸びてきた。→胸のあたりまで来て止まる。 ←真っ白な〔サ　〕＝女の化身 自分→百年はもう来ていたんだな。

2 次の空欄に本文中の語句を入れて、場面設定と登場人物設定をまとめなさい。 思考力・判断力・表現力

場面設定

〔ア　〕の中のできごと

登場人物設定

自分 女の言うことに無心に従う男。

女
・〔イ　〕髪
・〔ウ　〕顔
・〔エ　〕頬に
・ほどよい〔オ　〕の色
・〔カ　〕唇
・〔キ　〕瞳

〔ク　〕には、見えない。

主題

●次の空欄に本文中の語句を入れて、全体の主題を整理しなさい。 思考力・判断力・表現力

こんな夢を見た。腕組みをして枕もとに座っていると、あお向きに寝た女がもう〔ア　〕と言う。〔イ　〕後に会いに来ると言う女の指示どおりに、死んだ女を土に埋め墓のそばで待っていると、目印に置いた丸い〔ウ　〕の下から青い〔エ　〕が伸びてきた。その頂に真っ白な〔オ　〕の花が咲き、自分はその花びらに接吻した。顔を離した拍子に見上げた遠い空には〔カ　〕がたった一つ瞬き、自分は百年がもう来ていたことに気がついた。

展開の把握

〔第六夜〕

1 空欄に本文中の語句を入れて、内容を整理しなさい。 学習二

第一段落（初め～ p.95 ℓ.3）	第二段落（p.95 ℓ.4～p.97 ℓ.2）	第三段落（p.97 ℓ.3～終わり）
護国寺で〔ア　〕を彫る運慶	若い男の〔カ　〕についての評価	〔ケ　〕をまねて彫る「自分」
運慶 護国寺の山門で仁王を刻んでいる。 山門の風景→〔イ　〕時代のよう ⇔ 見ている者→〔ウ　〕の人間 ＝〔エ　〕が多い。 「大きなもんだなあ。」 「（仁王は）〔オ　〕よりも強いんだってえ」 →無教育	運慶 見物人の評価には頓着《とんじゃく》なく鑿《のみ》と槌《つち》を動かす。 自分…どうして今時分まで生きているのか。 若い男 ・運慶の鑿と槌の使い方＝〔キ　〕に達している。 ・運慶は、木の中に〔ク　〕眉《まみえ》や鼻を掘り出している。 →運慶についてよく知っている。⇔無教育	自分 ・彫刻とはそんなものか。＝〔コ　〕にでもできる→自分も仁王を彫ってみたい。 ・家の裏にある〔サ　〕にするつもりだった木を彫る。 ←〔シ　〕は見当たらない。＝〔ス　〕の木には仁王は埋まっていない。 →運慶が今日まで生きている〔セ　〕もほぼわかった。

2 次の空欄に本文中の語句を入れて、場面設定と登場人物設定をまとめなさい。 思考力・判断力・表現力

場面設定

場所　護国寺の〔ア　〕。
松の〔イ　〕と〔ウ　〕の山門が見事に照《うつ》り合う。

登場人物設定

- **運慶**　〔エ　〕を彫っている。
- **車夫**　〔オ　〕が彫るのを見ている。
- **若い男**　〔カ　〕について、独自の評価をする。
- **自分**　〔キ　〕をまねるがうまくいかない。

主題

●次の空欄に本文中の語句を入れて、主題を整理しなさい。 思考力・判断力・表現力

〔ア　〕が護国寺の山門で〔イ　〕を刻んでいるという評判なので散歩ながら行ってみると、大勢の見物人の中で運慶が仁王の顔のあたりを一生懸命に彫っている。運慶は木の中に埋まっている〔ウ　〕や鼻を鑿と槌で掘り出すのだという見物人の言葉を聞いて、自分は家に帰り、裏にある〔エ　〕を勢いよく彫り始めたが、仁王は見当たらない。ついに〔オ　〕の木に仁王は埋まっていないことを悟った自分は、運慶が今日まで生きている〔カ　〕もわかった。

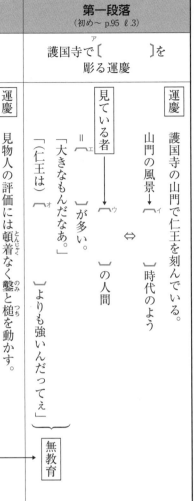

内容の理解

思考力・判断力・表現力

〔第一夜〕

第一段落（初め〜p.92 ℓ.7）

1 夢に出てきた女の特徴について述べた次の文章の空欄にあてはまる語句を、本文中から抜き出しなさい。

女は〔　①　〕髪を枕に敷いて、輪郭の〔　②　〕なうりざね顔をその中に横たえている。〔　③　〕な頬の底に温かい血の色がほどよく差して、唇の色はむろん〔　④　〕い。

①　②　③　④

2 女が「とうてい死にそうには見えない」（九〇・5）のはなぜか。その理由が読み取れる一文を、本文中から抜き出し、初めの五字で答えなさい。

3 「真っ黒な瞳の奥に、自分の姿が鮮やかに浮かんでいる。」（九〇・9）とは、具体的にどういうことか。説明しなさい。

〔　　　　〕

4 「黒い瞳の中に鮮やかに見えた自分の姿が、ぼうっと崩れてきた。」（九二・4）とは、どういうことか。説明しなさい。

〔　　　　〕

第二段落（p.92 ℓ.8〜p.93 ℓ.4）

5 女の死後、庭へ下りて「真珠貝で穴を掘った。」（九二・8）男の描写についてまとめた次の文章の空欄にあてはまる語句を、本文中から抜き出しなさい。

「自分」は大きな〔　①　〕な縁の〔　②　〕真珠貝で穴を掘った。貝の裏に〔　③　〕が差してきらきらし、湿った土の匂いもした。掘った穴に女を入れると、〔　④　〕土をそっとかけた。

①　②　③　④

6 「のっと」（九三・2）、「のそり」（九三・3）の表現効果の説明として適当なものを、次から二つ選びなさい。

ア　太陽をまるで生きているもののように感じさせ、ほかに関わる相手のいない「自分」の寂しさを強調している。

イ　「のっと」「のそり」という二つの擬態語が、太陽の大きさや動きのイメージを印象的に伝えている。

ウ　太陽の動きが遅いことを強調し、早く百年が来てほしいと焦る「自分」の気持ちを暗示している。

エ　「のっと」「のそり」という言葉と太陽という、一般的ではない組み合わせによって、太陽の赤さを強調している。

オ　太陽に、その形容としては一般的ではない「のっと」「のそり」をとりあわせることで、そこはかとないおもしろさを感じさせている。

〔　　〕〔　　〕

第三段落（p.93 ℓ.5〜 終わり）

7「百年」（九三・7）とはどのような時間か。「〜ほど長い年月。」に続く形で、本文中から二十字以内で抜き出しなさい。

ほど長い年月。

8「真っ白な百合」（九三・11）と、女のイメージとの共通点について、二点にまとめて説明しなさい。 ▼脚問4

〔　　〕

〔　　〕

9「暁の星」（九三・15）、すなわち「暁星《ぎょうせい》」とは「金星」のことだが、またの名を何と言うか。五字で記しなさい。

全体

10「第一夜」の説明として適当なものを、次から選びなさい。

ア　美しい女や大きな赤い日、真っ白な百合などによって美しい夢の世界を描き出すことで、現実の厳しさを忘れようとしている。

イ　女の行動の不可解さや時間の流れ方の不確かさを描くことで、夢のもろさ、はかなさを表している。

ウ　夢という設定を生かして、女の美しさ、時間の不思議さを重層的に描き、幻想的な世界を作り上げている。

〔　　〕

〔第六夜〕

第一段落（初め〜 p.95 ℓ.3）

1「護国寺の山門」（九四・1）の風景についてまとめた次の文章の空欄にあてはまる語句を、本文中から抜き出しなさい。

山門の前〔　①　〕間の所に大きな〔　②　〕があり、その幹が斜めに〔　③　〕塗りの山門の〔　④　〕を隠して伸びている。松が上に伸びるほど幅を広く屋根まで突き出しているさまはなんとなく〔　⑤　〕であり、〔　⑥　〕時代を思わせる。

①　②　③　④　⑤　⑥

2「尻をはしょって、帽子をかぶらずにいた」（九五・2）男を「自分」が「無教育な男」と思った理由についてまとめた次の文の空欄にあてはまる語句を、本文中から抜き出しなさい。 ▼脚問6

仁王を〔　①　〕だと思い込んでいるし、〔　②　〕と比較するという筋違いなことをしているから。

①　②

第二段落（p.95 ℓ.4〜 p.97 ℓ.2）

3「運慶」について述べた次の文章の空欄にあてはまる語句を、本文中から抜き出しなさい。

運慶は見物人の評判には〔　①　〕頓着なく鑿と〔　②　〕を動かし、一向振り向きもしない。頭に小さい〔　③　〕のようなものを乗せ、〔　④　〕だかなんだかわからない大きな袖を背中でくくっている。見物する自分を含めた明治の人間とはまるで釣り合いがとれないさまがいかにも〔　⑤　〕い。

第二段落（p.95 ℓ.4〜p.97 ℓ.2）

4 運慶が生きているのが「不思議なこと」（九五・9）に思えるのはなぜか。説明しなさい。

①
②
③
④
⑤

5 「自分はこの言葉をおもしろいと思った」（九六・6）理由として適当なものを次から選びなさい。 ▼脚問7

ア　尻をはしょって、帽子もかぶらずにいて、よほど無教養な男だと見下していた人物が、奇遇にも自分が感じていたことと重なるような、核心を突いた意見を述べたから。

イ　見物人の下馬評にも一切耳を貸すことなく一心不乱に鑿と槌を動かす運慶の様子に自分が感心していたところに、ちょうどよく我が意を得た言葉が一人の若い男から発せられたから。

ウ　運慶の眼中に見物人としての明治の人間が映っていないことに気がついた自分と同じように、鎌倉と明治との時代の差に思い至った人物がいることに驚きを隠せなかったから。

〔　〕

第二段落（p.95 ℓ.4〜p.97 ℓ.2）

6 「大自在の妙境」（九六・8）とはどういうことか。その説明として適当なものを次から選びなさい。

ア　思いのままに彫り進むことができる卓越した技を持っていること。

イ　異様な熱意を持って物事に集中すること。

ウ　失敗を恐れず、物事に積極的にかかわること。

〔　〕

第三段落（p.97 ℓ.3〜終わり）

7 「彫刻とはそんなものか」（九七・3）とあるが、「自分」の捉えた彫刻とはどのようなものか。説明しなさい。 ▼脚問8

全体

8 家に帰り次々と薪を彫ってみた「自分」が「明治の木にはとうてい仁王は埋まっていないものだ」（九七・11）と悟り、「運慶が今日まで生きている理由」（九七・12）を理解したのはなぜか。その説明として適当なものを次から選びなさい。 ▼学習二

ア　死んだと思われていた運慶が、実は護国寺で生き延びていたことに、今日まで気がつかなかったことを悟ったから。

イ　運慶は俗物的な明治の人間を超越した彫刻家であって、その彼による作品は時代を超えて残っていくものだと気づいたから。

ウ　護国寺で見た光景が夢であることに気づき、鎌倉時代の運慶をこの目で見たことがにわかに信じられなくなったから。

〔　〕

学習目標 物語の語り手が置かれている状況や体験談の内容を理解する。

鏡（村上春樹）

教科書 p.100〜p.111

検印

漢字　知識・技能

1 太字の仮名を漢字に直しなさい。

①たいけん〔　　〕談を聞く。（p.100 ℓ.1）
②ふたつにぶんるい〔　　〕できる。（p.100 ℓ.6）
③個人的なけいこう〔　　〕。（p.101 ℓ.2）
④体制をだは〔　　〕する。（p.102 ℓ.11）
⑤進学をきょひ〔　　〕する。（p.102 ℓ.12）
⑥てじゅん〔　　〕を説明する。（p.103 ℓ.11）
⑦けっこう〔　　〕時間がかかる。（p.103 ℓ.13）
⑧寝込みをおそ〔　　〕う。（p.104 ℓ.7）
⑨かいちゅう〔　　〕電灯を持つ。（p.104 ℓ.8）
⑩日本刀のしんけん〔　　〕。（p.104 ℓ.10）
⑪戸がこわ〔　　〕れる。（p.105 ℓ.1）
⑫長いろうか〔　　〕を歩く。（p.106 ℓ.13）
⑬木刀をにぎ〔　　〕る。（p.107 ℓ.8）
⑭鏡に姿がうつ〔　　〕る。（p.107 ℓ.11）
⑮きみょう〔　　〕なことに気づく。（p.108 ℓ.5）
⑯ひょうざん〔　　〕が浮かぶ。（p.108 ℓ.12）
⑰太陽のあたた〔　　〕かい光。（p.110 ℓ.2）

2 太字の漢字の読みを記しなさい。

①**幽霊**〔　　〕の話。（p.100 ℓ.4）
②**三次元**〔　　〕的な常識。（p.100 ℓ.5）
③**予知**〔　　〕や虫の知らせ。（p.100 ℓ.6）
④どちらにも**適**〔　　〕さない。（p.101 ℓ.4）
⑤**散文**〔　　〕的な人生だ。（p.101 ℓ.14）
⑥**拍手**〔　　〕をする。（p.102 ℓ.6）
⑦**紛争**〔　　〕の話。（p.102 ℓ.10）
⑧**若気**〔　　〕のいたり。（p.102 ℓ.13）
⑨中学校の**夜警**〔　　〕をする。（p.103 ℓ.3）
⑩**裁縫**〔　　〕室を見回る。（p.103 ℓ.14）
⑪**手間**〔　　〕ではない。（p.104 ℓ.6）
⑫相手は**素人**〔　　〕だ。（p.104 ℓ.10）
⑬**一目散**〔　　〕に逃げる。（p.104 ℓ.11）
⑭**目覚**〔　　〕まし時計。（p.105 ℓ.6）
⑮見回りの**仕度**〔　　〕をする。（p.105 ℓ.12）
⑯指先が**顎**〔　　〕に触れる。（p.109 ℓ.3）
⑰太陽が**昇**〔　　〕る。（p.110 ℓ.2）

語句　知識・技能

1 次の太字の語句の意味を調べなさい。

①**虫の知らせ**を感じる。（p.100 ℓ.6）
〔　　〕
②僕を**かつぐ**ようなタイプではない。（p.101 ℓ.10）
〔　　〕
③実に**散文的**な人生だよな。（p.101 ℓ.14）
〔　　〕
④**若気のいたり**である。（p.102 ℓ.13）
〔　　〕

2 次の空欄にあとから適語を選んで入れなさい。

①時代の〔　　〕に呑《の》みこまれた。（p.102 ℓ.11）
②見回りの〔　　〕は抜かなかった。（p.104 ℓ.5）
③〔　　〕には自信がある。（p.105 ℓ.9）
④〔　　〕を決して行くことにする。（p.105 ℓ.15）
（波　腕　手　意）

3 次の語句を使って短文を作りなさい。

①呆然《ぼうぜん》として（p.108 ℓ.15）
〔　　〕

展開の把握

1 次の空欄に本文中の語句を入れ、内容を整理しなさい。 ▼学習一

第一段落（初め～p.102 ℓ.9）	第二段落（p.102 ℓ.10～p.104 ℓ.1）	第三段落（p.104 ℓ.2～p.109 ℓ.13）	第四段落（p.109 ℓ.14～終わり）
心の底から怖いと思った経験を話すまで	「僕」の夜警の仕事	あの夜味わった恐怖	鏡が一枚もない生活へ
「僕」の自宅で〔ア　　〕を話す。 →ふたつに〔イ　　〕できる。 ・生の世界と〔ウ　　〕の世界がクロスする話 ・三次元的な常識を超えた現象や能力が存在する話 →「僕」はどちらの経験もない。 僕　ただ一度だけ心の底から〔エ　　〕と思った体験を話す。	僕　大学に進まず、肉体労働をしつつ〔オ　　〕をさまよっていた。 放浪二年めに新潟の中学校の夜警をした。 午後九時と午前三時に一人で校舎の〔カ　　〕をした。→怖くない。	十月初めの夜、九時の見回りの時には何も起こらず、三時の見回り時は……。 僕　〔キ　　〕がして見回りをしたくなかった。→意を決して行く。 〔ク　　〕はなく、用務員室に戻ろうとする。 僕　玄関の〔ケ　　〕の中に何かの姿が見えたような気がした。 →鏡に映る自分の姿だった。 ほっとして煙草《たばこ》を吸う。→鏡の中の像は僕ではなく、〔コ　　〕を心底憎んでいる者であることに気づく。 僕　動けなくなり、鏡の中の像に〔サ　　〕されそうになる。 →木刀を鏡に投げつけて走って逃げた。	翌日、玄関に煙草の吸殻《すいがら》と木刀は落ちていたが、〔シ　　〕はなかった。 僕が見たもの＝ただの〔ス　　〕だった。 ★あの夜の〔セ　　〕はいまだに忘れることができない。 ★人間にとって、〔ソ　　〕以上に怖いものはない。 →今でも家には鏡が一枚もない。

2 次の空欄に本文中の語句を入れて、場面設定をまとめなさい。 思考力・判断力・表現力 ▼学習一

場面設定

第一・四場面＝参加者が怖い〔ア　　〕を話す場面。

いつ …主人公（「僕」）の体験（回想）から〔イ　　〕以上たったある夜。

どこ …主人公の家→〔ウ　　〕が一枚もない。

第二・三場面（回想）＝主人公が仕事中に〔エ　　〕体験をした場面。

いつ …高校を卒業してから〔オ　　〕めの秋。

どこ …〔カ　　〕の仕事をしている中学校。

主題

●次の空欄に本文中の語句を入れて、全体の主題を整理しなさい。 思考力・判断力・表現力

放浪二年めの僕は、中学校の〔ア　　〕をした。ある夜、見回りの時間に目覚めると変な気がした。それでも無理に見回りに行くと、〔イ　　〕の中で何かが見えた気がした。それは〔ウ　　〕に映る僕の姿だったが、鏡の中の像は僕以外の僕で、〔エ　　〕を心底憎んでいることに気づいた。さらに像が僕を〔オ　　〕しようとしたので、走って逃げた。翌日玄関に行ってみると、鏡はなかった。人間にとって、自分自身が最も〔カ　　〕と思い知らされた話である。

内容の理解

第一段落（初め〜p.102 ℓ.9）

思考力・判断力・表現力

1「さっきからずっとみんなの体験談を聞いてるとね、」（一〇〇・1）とあるが、この文章の始まり方がもたらす効果を、次から選びなさい。

ア 「さっきから」とはいつからなのか、「体験談」とは何の体験なのかと読者を混乱させ、不安を抱かせる効果。

イ 状況説明を、地の文ではなく語り手の親しげな言葉を用いて行うことで、読者を冒頭から挑発する効果。

ウ 読者もその場にいて語り手の話を直接聞いているような気持ちにさせ、読者を一気に物語に引き込む効果。

〔　　〕

2「三次元的な常識」（一〇〇・5）とはどういうことか。次から選びなさい。

ア 幽霊や死の世界についての知識。

イ 誰もが持っている日常的な知識。

ウ 超能力と言われるような特殊な知識。

〔　　〕

3「みんなの体験談」（一〇〇・1）は「大きくわけるとそのふたつに分類できる」（一〇〇・6）について、説明した次の文の空欄にあてはまる語句を、本文中から抜き出しなさい。

ひとつは〔　①　〕のように、〔　②　〕の世界と死の世界が何かの力によって〔　③　〕するタイプの話で、もうひとつは〔　④　〕とか虫の知らせのように、三次元的な〔　⑤　〕を超えた現象や〔　⑥　〕が存在するタイプの話。

①　②　③　④　⑤　⑥

第一段落

4「散文的な人生」（一〇一・14）とはどういう人生か。次から選びなさい。　▼脚問2

ア 平凡でありふれた人生。

イ 変化のある劇的な人生。

ウ 栄華を極めた自慢できる人生。

〔　　〕

5「日本中をさまよってたんだ。」（一〇二・12）とあるが、当時の生活について、「僕」は現在どう思っているか。次から選びなさい。

ア 若さのせいで時代の波に呑まれたことを後悔している。

イ 肉体労働をしながらさまよっていたことは間違いだった。

ウ 再び同じことをしてみたいくらい放浪生活は楽しかった。

〔　　〕

第二段落（p.102 ℓ.10〜p.104 ℓ.1）

6「中学校の夜警をやった。」（一〇三・3）とあるが、「僕」は「夜警」の仕事をどのように捉えているか。次の文の空欄にあてはまる語句を本文中から抜き出しなさい。

のんびりしたかった自分にとって、〔　①　〕は用務員室で寝かせてもらえ、音楽室でレコードを聴いたり、図書館で本を読んだりできて、夜中は〔　②　〕きりでいられて〔　③　〕な仕事。

①　②　③

7「いや、ちっとも怖くなんてないさ。」（一〇三・9）とあるが、それはなぜか。「怖いもの知らず」（一〇三・10）の年頃であったこと以外の理由を述べた二十五字以内の一文を本文中から抜き出し、初めの五字で答えなさい。

第三段落（p.104 ℓ.2～p.109 ℓ.13）

8 「そこまで手は抜かなかったよ。」（一〇四・5）とあるが、それはなぜか。本文中の語句を用いて、二十字以内で二つ答えなさい。

9 「すごく変な気がした。」（一〇五・8）について説明している、二十字以上三十字以内の一文を本文中から抜き出し、初めの五字で答えなさい。

10 「無理に起きあがって、見回りの仕度をした。」（一〇五・11）とあるが、それはなぜか。次から選びなさい。

ア 九時に見回った時には何も起こらなかったので、今回も不安を感じなかったから。

イ 一度見回りをやめてしまうと、この先もさぼり癖がつくと思ったから。

ウ 風が強まり、どうしてもプールの仕切り戸をなおさなければいけないと思ったから。

〔　　〕

11 「いつもより急ぎ足で廊下を歩いた。」（一〇七・3）とあるが、それはなぜか。次から選びなさい。 ▼脚問5

ア いつもより仕事への意欲が強かったから。

イ 仕事の遅れを取り戻したかったから。

ウ 不安な状況から早く逃れたかったから。

〔　　〕

第三段落（p.104 ℓ.2～p.109 ℓ.13）

12 「僕はほっとすると同時に馬鹿馬鹿しくなった。」（一〇七・14）とあるが、それはなぜか。本文中の語句を用いて二十字以内で答えなさい。 ▼学習三

13 「急に奇妙なことに気づいた。」（一〇八・5）とあるが、「僕」が気づいた内容として適切ではないものを、次から選びなさい。

ア 鏡の中の僕は、あるべき姿ではない僕であること。

イ 鏡の中の僕は、心の底から僕を憎んでいること。

ウ 体が金しばりになり、鏡の中の僕の動きに対応できないこと。

〔　　〕

14 「うん、うん、いや、うん、いや、いや、いや……」（一〇九・13）という仕切り戸の音は、何を象徴的に表したものか。次から選びなさい。 ▼学習三

ア 「そうあるべきではない形での僕」と僕自身との間に流れる不協和音。

イ 台風が通過する蒸し暑い夜に吹くリズミカルな風の音。

ウ たった一人で放浪していた僕の孤独で不安な心境。

〔　　〕

第四段落（p.109 ℓ.14～終わり）

15 「この家に鏡が一枚もない」（一一〇・10）という表現は、どういうことを言おうとしたものか。次から選びなさい。

ア 「僕」にとっての恐怖は、ずっと続いているということ。

イ 「僕」の恐怖は、遠い昔の話として忘れていたということ。

ウ 「僕」は鏡がなくても髭剃りに困らないくらい器用だということ。

〔　　〕

学習目標　古文を読解するための基礎知識として、歴史的仮名遣い・活用・品詞の種類を習得する。

古文を読むために1・2

教科書 p.126〜p.127 p.130〜p.131

検印

基本練習

知識・技能

1 五十音図のワ行を、平仮名・歴史的仮名遣いで書きなさい。

〔　〕〔　〕〔　〕〔　〕〔　〕

2 次の歴史的仮名遣いで書かれた語を、現代仮名遣いに直しなさい。

①かむなづき（神無月）〔　〕　②まゐる（参る）〔　〕

③にほひ（匂ひ）〔　〕　④くわんぱく（関白）〔　〕

⑤はつはる（初春）〔　〕　⑥をみなへし（女郎花）〔　〕

⑦けふ（今日）〔　〕　⑧おうな（嫗）〔　〕

⑨あふぎ（扇）〔　〕　⑩をしう（惜しう）〔　〕

3 次の太字の語の意味を、辞書を引いて調べなさい。

①現代語にないもの（古文特有の語）

いざ、**かいもちひ**せむ。（一二四・1　かいもちひ）〔　〕

②現代語と意味の違うもの（古今異義語）

念じて寝たるほどに、（一二五・2　念ず）〔　〕

4 次の文章を口語訳するにあたって、空欄にどのような助詞や主部（主語）・目的部（目的語）を補うとよいか。文章の意味をよく考えてそれぞれ答えなさい。

○今は昔、竹取《たけとり》の翁《おきな》といふ者ありけり。野山にまじりて竹を取りつつ、よろづのことに使ひけり。（一二四・1）

訳 今はもう昔の話だが、竹取の翁という者〔ア　〕いた。〔イ　〕野山に分け入って竹を取っては、〔ウ　〕いろいろなことに使った。

留意点

●歴史的仮名遣いの読み方

❶「ゐ・ゑ・を」「ぢ・づ」は「イ・エ・オ」「ジ・ズ」と発音する。

・男《をとこ》→オトコ　・恥ぢたり→ハジタリ

❷語中や語尾の「は・ひ・ふ・へ・ほ」は「ワ・イ・ウ・エ・オ」と発音する。

・川《かは》→カワ　・あはれ→アワレ

ただし、語頭に「は・ひ・ふ・へ・ほ」を持つ語が、他の語の下について複合語となる場合を除く。

・月日《つきひ》→ツキヒ　・岩鼻《いははな》→イワハナ

❸「む」は「ン」と発音する場合があり、「くわ・ぐわ」は「カ・ガ」と発音する。

・咲きなむ→サキナン　・管弦《くわんげん》→カンゲン

❹長音で発音する場合は次のようになる。

(1)「あう・あふ」がオーとなる

・奥羽《あうう》→オーウ　・逢坂山《あふさかやま》→オーサカヤマ

(2)「いう・いふ」がユーとなる

・優《いう》なり→ユーナリ　・言ふ→ユー

(3)「えう・えふ」がヨーとなる

・要《えう》ず→ヨーズ　・蝶《てふ》→チョー

(4)「おう・おふ」がオーとなる

・応《おう》ず→オーズ　・思《おも》ふ→オモー

5 次の文は『徒然草』の一節で、「ものの道理や情趣を理解しないと思われる者でも、ときにはよい一言を言うものだ。」という意味の文である。傍線部①～⑤の品詞名を書きなさい。

○①心なしと②見ゆる者③も、よき④ひとこと言ふもの⑤なり。

①〔　　〕②〔　　〕③〔　　〕④〔　　〕⑤〔　　〕

6 活用する語に、打消の助動詞「ず」をつけると未然形になり、助詞「て」をつけると連用形になる。また、名詞「時」をつけると連体形になり、助詞「ども」をつけると已然《いぜん》形になる。次の語を、空欄に合う形にそれぞれ活用させなさい。

①吹く〔　　〕ず〔　　〕て〔　　〕時〔　　〕ども
②着る〔　　〕ず〔　　〕て〔　　〕時〔　　〕ども
③起く〔　　〕ず〔　　〕て〔　　〕時〔　　〕ども
④死ぬ〔　　〕ず〔　　〕て〔　　〕時〔　　〕ども

7 口語文法で仮定条件を表す仮定形の位置に、文語文法で仮定条件を表すときには未然形、確定条件を表すときには已然形がくる。次の太字の意味を、あとのア～エの中からそれぞれ選びなさい。

①東の風**吹かば**、花も咲かむ。〔　　〕
②今日は北の風**吹けば**、船を出ださず。〔　　〕

ア　吹くと　　イ　吹くので
ウ　吹いたら　エ　吹いても

8 文中に助詞「ぞ」「なむ」「や」「か」があるとき、文末の活用語は連体形で結び、「こそ」があるときには已然形で結ぶ。これを「係り結びの法則」という。次の文の中から、「ぞ」の結びとなる連体形の語と、「こそ」の結びとなる已然形の語をそれぞれ抜き出しなさい。

①空には、黒き雲ぞはやく流るる。　ぞ　→〔　　〕
②今宵《こよひ》の月こそおもしろく見ゆれ。　こそ　→〔　　〕

●文節・単語

心なしと　見ゆる　者も、よき　ひとこと　言ふ　ものなり。

このように、文を、音読して不自然にならず、また意味もわかりにくくならないように小さく区切った単位を、文節という。文節をさらに分けると、

心なし　と　見ゆる　者　も、よき　ひとこと　言ふ　もの　なり。

となる。文節を作っている、意味を持った一つ一つの言葉を、単語という。

●活用

単語の中には「者」「も」のように語形が変わらない語と、「見えず」「見ゆ」「見ゆる者」「見ゆれど」のように語形の変わる語とがある。語形が変わることを活用といい、未然形・連用形・終止形・連体形・已然形・命令形の六種の活用形がある。

●品詞の種類

「心なし」「見ゆる」「者」「よき」「ひとこと」「言ふ」「もの」のように単独で文節となりうる単語を自立語といい、「と」「も」「なり」のように単独では一つの文節とならない単語を付属語という。自立語には動詞・形容詞・形容動詞・名詞・副詞・連体詞・接続詞・感動詞があり、付属語には助動詞・助詞がある。この十種類の品詞は口語文法と同じである。

学習目標　児の心の動きを読み取り、この話のおもしろさを捉える。

児のそら寝

教科書 p.124〜p.125

検印

展開の把握　思考力・判断力・表現力

○空欄に適語を入れて、「児」の気持ちの変化を整理しなさい。

		僧たちの言動	児の動作と心情
第一段落（初め〜 p.124 ℓ.5）	児の分別①（発端）	・宵の所在なさに、「〔ア　　〕を作ろう。」と言う。 ↓ ・作り上げて、騒ぎ合っている。	・僧たちの話を、期待して聞く。 （食べさせてもらえるかも！） ↓ ◎寝ないで待つのは〔イ　　〕だろうから、〔ウ　　〕をして待つ。 ↓ ・きっと〔エ　　〕くれるだろう。
第二段落（p.124 ℓ.6〜終わり）	児の分別②（展開）	・「もしもし、起きなさい。」	（〔オ　　〕。けれど…） ◎〔カ　　〕と思われると困るから、もう一声呼ばれたら起きよう。
	見込み違い（最高潮）	・「これ、お起こし申し上げるな。」 ↓	（ああ、つらい。当てが外れた…！）
		・むしゃむしゃと食べる〔キ　　〕がする。 ↓	・〔ク　　〕起こしてほしい…… （ああもう、どうしようもない！）
	無邪気さ（結末）	・大笑いする。	・だいぶたってから、「〔ケ　　〕」。

語句・文法　知識・技能

1 次の語の読みを現代仮名遣いで書きなさい。

- p.124 ℓ.6 ①待ちゐたるに〔　　〕
- ℓ.7 ②さぶらはむ〔　　〕
- ③おどろかせたまへ〔　　〕
- p.125 ℓ.2 ④をさなき人〔　　〕
- ℓ.4 ⑤食ひに食ふ音〔　　〕

2 次の語の意味を調べなさい。

- p.124 ℓ.1 ①つれづれ〔　　〕
- ℓ.3 ②わろし〔　　〕
- ℓ.6 ③おどろく〔　　〕
- p.125 ℓ.2 ④念ず〔　　〕
- ℓ.3 ⑤わびし〔　　〕
- ℓ.5 ⑥ずちなし〔　　〕
- ⑦無期〔　　〕

3 次の太字の感動詞の説明を、あとのア〜エからそれぞれ選びなさい。

- p.124 ℓ.1 ①**いざ**、かいもちひせむ。〔　　〕
- p.125 ℓ.2 ②**や**、な起こしたてまつりそ。〔　　〕
- ℓ.3 ③**あな**、わびしと思ひて、〔　　〕
- ℓ.5 ④「**えい**。」といらへたりければ、〔　　〕

ア　応答の語
イ　強い感動から発する語
ウ　呼びかけるときに発する語
エ　人を誘うときに発する語

内容の理解

思考力・判断力・表現力

全体

1 次の①～⑤の「思」う人は、(ア)「児」、(イ)「僧たち」のどちらか。それぞれ記号で答えなさい。

① わろかりなむと思ひて、(三四・3)
② うれしとは思へども、(三四・7)
③ 待ちけるかともぞ思ふとて、(三五・1)
④ あな、わびしと思ひて、(三五・3)
⑤ 思ひ寝に聞けば、(三五・4)

2 「寝《ぬ》」という語は、(ア)眠る意味の場合と、(イ)横になっている意味の場合とがある。次の①～⑤の「寝」は、(ア)・(イ)のどちらか。それぞれ記号で答えなさい。

① し出ださむを待ちて寝ざらむも、(三四・3)
② 寝たるよしにて、(三四・4)
③ 念じて寝たるほどに、(三五・2)
④ 寝入りたまひにけり(三五・3)
⑤ 思ひ寝に聞けば、(三五・4)

第一段落

3 次の①・②の傍線部を口語訳するとき、どのような助詞を補うと意味がわかりやすくなるか。適当な助詞を、それぞれひらがな一字で答えなさい。

① 児ありけり。(三四・1)
② かいもちひせむ。(三四・2)

① ②

4 「いざ、かいもちひせむ。」(三四・1)とあるが、「僧たち」が、誰に対して言った言葉かを答えなさい。

第一段落

5 「寝たるよしにて、」(三四・4)とあるが、「児」がそうしたのはなぜか。その理由として「児」が心の中に思っていることを、本文中から二十字程度で抜き出し、初めと終わりの四字で答えなさい。

〜

第二段落

6 「えい。」(三五・5)という言葉は、どの言葉に対する返事か。該当する言葉を抜き出し、初めの八字で答えなさい。

7 「僧たち笑ふこと限りなし。」(三五・6)とあるが、「僧たち」が笑ったのはなぜか。その理由を次から選びなさい。 ▶学習二

ア 児が予想どおりに返事をしたから。
イ 児が間の抜けた時分に返事をしたから。
ウ 食べ終わったころに児が返事をしたから。

全体

8 この話のおもしろさは、細かい心遣いが裏目に出てしまった「児」の心の動きの描写にある。「児」の心は、何に反応して一喜一憂しているか。本文中の一語（漢字一字）で、二つ答えなさい。

9 この話のおもしろさを最もよく言い表している表現を、次から選びなさい。

ア 棚からぼたもち　イ 果報は寝て待て
ウ 背に腹はかえられぬ

学習目標　在家人と唐人のやり取りを読み取り、文章の主旨を捉える。

三文にて歯二つ

教科書 p.128〜p.129

検印

展開の把握　思考力・判断力・表現力

○空欄に適語を入れて、内容を整理しなさい。

第一段落（具体例）（初め〜 p.129 ℓ.1）			第二段落（説教）（p.129 ℓ.2〜終わり）
（発端）	（展開）	（結末）	（編者の評）
歯を取る〔ア　　〕と慳貪《けんどん》の〔イ　　〕	値下げ交渉	交渉の結果	眼前の利にとらわれる失敗
唐人　〔ウ　　〕を抜くのが仕事。（現代の歯科医） 在家人　〔エ　　〕で、損得勘定を第一に考え、何事も商売根性の、〔オ　　〕もあった人。 ← ・在家人が〔カ　　〕を抜かせようと唐人の所へ行った。	・治療の代価＝虫歯一本につき〔キ　　〕。 在家人　「〔ク　　〕で抜いてください。」 唐人　在家人の性根の憎らしさに〔ケ　　〕て、「絶対に〔コ　　〕では抜かない。」	在家人　「それでは〔サ　　〕で二本抜いてください。」 （一本分の治療の代価が〔シ　　〕なる。）＝「利分」（得をする）と考えた。 ← ・虫歯に〔ス　　〕まで加えて〔セ　　〕本の歯を抜かせた。	・在家人の心では〔ソ　　〕たと思ったであろうが、〔タ　　〕歯を失ったのは大きな損失である。 ・これは、たいへん〔チ　　〕やり方である。

語句・文法　知識・技能

1 次の語の意味を調べなさい。

p.128 ℓ.1 ①慳貪なり〔　　〕
p.128 ℓ.5 ②心ざま〔　　〕
p.128 ℓ.6 ③さらば〔　　〕
p.129 ℓ.3 ④をこがまし〔　　〕
⑤わざ〔　　〕

2 次の太字の語の品詞は、あとのア〜エのいずれにあたるか。それぞれ選びなさい。

p.128 ℓ.1 ①**ある**在家人の、〔　　〕
p.128 ℓ.4 ②**ただ**も取るべけれども、〔　　〕
p.128 ℓ.6 ③**さらば**、三文にて歯二つ取りたまへ。〔　　〕

ア　接続詞　イ　感動詞　ウ　副詞
エ　連体詞

3 文を、音読するときに言葉として不自然にならない範囲で小さく区切った、その一つ一つの単位を文節という。次の文を文節に区切り、／(斜線)で示しなさい。 学習一

例　疵／なき／歯を／失ひぬる

p.128 ℓ.2 ①虫の食ひたる歯を取らせむとて、
p.129 ℓ.2 ②心には利分とこそ思ひけめども、

内容の理解

思考力・判断力・表現力

第一段落

1 **「ある在家人の、慳貪にして利養を先とし、」**（二六・1）**について、次の問いに答えなさい。**

(1) 在家人の会話が本文中に二つある。二つめの会話を、二十字以内で口語訳しなさい。

(2) 「利養を先とし」とあるが、「利養を先」とするような根性を何と称しているか。本文中から抜き出しなさい。

〔　　〕

2 **「ふつと一文にては取らじ。」**（二六・5）**とあるが、なぜそのように言うのか。次から選びなさい。**

ア　ささやかな金ではあるが、倹約しようとする正直な在家人に、意地悪をしてからかってみたいと思ったから。

イ　わずかな治療費を値切ろうとする在家人の欲深い心根が、しゃくに思われたから。

ウ　まけさせようとする考えが、仏教に帰依する在家人として、見苦しく思われたから。〔　　〕

3 **「やや久しく論ずる」**（二六・5）**とあるが、具体的にどのような論争が行われたのか。二十字以内で説明しなさい。**

第一段落

4 **「おほかた取らざりければ、」**（二六・6）**とは、どういう意味か。次から選びなさい。**

ア　唐人が全く虫歯を抜く気配を見せなかったので、

イ　だいたい在家人の言い分は通用しそうになかったので、

ウ　唐人が決して治療費を受け取らなかったので、〔　　〕

5 **「二つ取らせて、」**（二六・7）**の「二つ」は何をさすか。それについて説明した次の文の空欄にあてはまる語句を、本文中から抜き出しなさい。** ▼脚問1

この「二つ」は、本文中の語句を用いて言えば、「虫の〔①〕歯」と「虫も〔②〕よき歯」をさしている。

①

②

第二段落

6 **「をこがましきわざなり。」**（二九・3）**とあるが、なぜか。次から選びなさい。**

ア　患者が治療費に口を出すのは、差し出がましいから。

イ　よい歯まで抜いてしまうのは、少しも利益がないから。

ウ　在家人が歯を抜くのは、神仏をも恐れない行為であるから。〔　　〕

全体

7 **この文章の趣旨として適切なものを次から選びなさい。**

ア　少しでももうけようと焦って大きな損をすることが多いから、決して油断してはならない。

イ　どの時代でも、金持ちは金をけちりたがるもので、その正しい使い方を忘れると、人に迷惑をかけるものである。

ウ　目の前の利得にとらわれると、本当に大切なものを見失う恐れがある。〔　　〕

学習目標　物語における表現の特色を理解し、かぐや姫の成長の様子を読み取る。

なよ竹のかぐや姫

教科書 p.134〜p.137

検印

展開の把握　思考力・判断力・表現力

○次の空欄に適語を入れて、内容を整理しなさい。

段落	内容	
第一段落（初め〜p.135 ℓ.9）	かぐや姫の発見	翁 昔、竹取の翁という者がいた。 名前＝〔ア　　〕 竹の筒の中に〔イ　　〕ほどの女の子がいるのを発見→家に持ち帰る。 （理由）自分に授けられたと判断したから。 妻の〔ウ　　〕に預けて、〔エ　　〕に入れて大切に育てた。
第二段落（p.135 ℓ.10〜p.135 ℓ.14）	翁の幸運	翁 かぐや姫を見つけたあとでは、〔オ　　〕のつまった竹を見つけ続ける。 ←次第に〔カ　　〕になる。
第三段落（p.135 ℓ.15〜p.136 ℓ.9）	かぐや姫の成長	この子 〔キ　　〕たつと一人前の大きさになる。 ↓〔ク　　〕の儀式（髪上げ・裳着） 容姿＝〔ケ　　〕こと限りない。 家の中＝〔コ　　〕が満ち足りている。 翁 この子を見ると、苦しい気持ち→おさまる。 腹立たしいこと→慰められる。
第四段落（p.136 ℓ.10〜終わり）	かぐや姫の命名	翁 黄金の入った竹を取り続ける。→勢力のある〔サ　　〕となる。 「三室戸斎部の秋田」に、この子の名前をつけさせる。 名前＝なよ竹の〔シ　　〕

語句・文法　知識・技能

1 次の語の意味を調べなさい。

p.135 ℓ.2　①うつくし〔　　〕
ℓ.4　②おはす〔　　〕
ℓ.13　③やうやう〔　　〕
p.136 ℓ.5　④かたち〔　　〕

2 次の文を単語ごとに分けて書き、それぞれの品詞をその下に書きなさい。

例　今（名詞）・は（助詞）

p.135 ℓ.13　①かくて、翁やうやう豊かになりゆく。
〔　　　　〕

p.136 ℓ.9　②腹立たしきことも慰みけり。
〔　　　　〕

3 次の太字の動詞の終止形と活用の種類を書きなさい。

p.135 ℓ.2　①**ゐ**たり。〔　　・　　活用〕
ℓ.6　②持ちて**来**ぬ。〔　　・　　活用〕
ℓ.10　③**見つけ**て〔　　・　　活用〕
ℓ.12　④黄金**ある**竹〔　　・　　活用〕

内容の理解

思考力・判断力・表現力

第一段落

1 「おはする」（一三五・4）、「たまふ」（一三五・5）は尊敬語である。「翁」が尊敬語を用いたのはなぜか。次から選びなさい。 ▼学習二

ア　たいへん美しい人だったから。
イ　神仏からの授かりものと思ったから。
ウ　身分の高い子だと思ったから。
〔　　〕

2 「翁」が見つけたとき、女の子はどのような子供だったか。あてはまらないものを次から一つ選びなさい。 ▼学習一

ア　竹の筒の中で光っていた人。
イ　翁の気持ちを和ませてくれる人。
ウ　三寸ほどの大きさの人。
〔　　〕

3 「手にうち入れて、」（一三五・5）とあるが、この「翁」の動作にはどのような気持ちが込められているか。次から選びなさい。 ▼学習二

ア　大事なものをいとおしむ気持ち。
イ　不思議なものに恐れおののく気持ち。
ウ　珍しいものを得て心はずむ気持ち。
〔　　〕

第二段落

4 「竹取の翁、竹を取るに、……やうやう豊かになりゆく。」（一三五・10〜14）には、「語る」ときの口調をとどめたこの物語の文体の特色が見られる。それはどの表現か。次から選びなさい。

ア　竹取るに、　イ　竹を見つくること重なりぬ。
ウ　やうやう豊かになりゆく。
〔　　〕

第三段落

5 かぐや姫は見つかってからどれほどの期間で成人の儀式をするまでに成長したか。本文中から五字で抜き出しなさい。 ▼学習一

第三段落

6 成人したかぐや姫が、地上の人と異なっている点を、次の言葉に続くように現代語でそれぞれ書きなさい。 ▼学習一

(1)容姿が〔　　〕。
(2)かぐや姫がいる室内は〔　　〕。
(3)翁は気分が悪いときでも、〔　　〕。

第四段落

7 「いと大きになりぬれば、」（一三六・11〜12）とあるが、これは前のどの表現と対応しているか。十五字以内で抜き出しなさい。

全体

8 かぐや姫の容姿についての評価としてどのような語が用いられているか。第一段落と第三段落からそれぞれ一語を抜き出し、終止形で答えなさい。

第一段落〔　　〕
第三段落〔　　〕

9 新傾向 この文章の前半の文末表現には①「けり」「ける」が統一して使われ、後半では②翁が登場して具体的行動に入ると、現在形、あるいは「つ・ぬ・たり」が用いられている。①・②それぞれの表現の効果の説明にあたるものを、次から選びなさい。

ア　過去の事柄を眼前の事実のように生き生きと描き出す。
イ　過去と現在をとりまぜることにより、伝奇的世界を作り出す。
ウ　伝承された物語であることを表す。
エ　過去にあった事実を詠嘆を込めて表す。

①〔　　〕
②〔　　〕

学習目標　良秀の言動から、良秀がどのような人物として描かれているかを読み取る。

絵仏師良秀

教科書 p.138～p.139

検印

展開の把握　思考力・判断力・表現力

○空欄に適語を入れて、内容を整理しなさい。

第一段落（発端）	第二段落（展開）	第二段落（最高潮）	第三段落（結末）
主人公の紹介・事件勃《ぼっ》発《ぱつ》 （初め～ p.138 ℓ.4）	炎の観察に没頭 （p.138 ℓ.5～p.138 ℓ.8）	火炎を描く筆法の会得 （p.138 ℓ.8～p.139 ℓ.6）	一代の傑作の誕生 （p.139 ℓ.7～終わり）
昔、良秀という絵仏師がいた。あるとき、隣の家から（　ア　）が出た。 良秀　・逃げ出して（　イ　）に出た。 ・注文を受けた（　ウ　）や（　エ　）を家の中に残し、自分だけ逃げて道の向かい側に立った。	良秀　・自分の家に火が移り、煙や（　オ　）をずっと眺める。 ・人々が（　カ　）にやって来たが、慌てる様子もない。 人々 → （　キ　）に思って問う。 良秀　・家が焼けるのを見て、（　ク　）ては、時折（　ケ　）ていた。	良秀　・「たいへんな（　コ　）をした。」 人々 → 怪しげな（　サ　）がとりついたのかと問う。 良秀　・「長い間不動尊の（　シ　）を下手に描いたものだ。今このように（　ス　）ものだとわかった。（　セ　）さえ立派に描けば、百や千の家を建てることもできる。」と言って、笑って立っていた。	のちに良秀の描いた絵を（　ソ　）といい、現在に至るまで、人々が（　タ　）している。

語句・文法　知識・技能

1 次の語の意味を調べなさい。

①あさまし（p.138 ℓ.6）（　　　　）
②とぶらふ（ℓ.10）（　　　　）
③させる（p.139 ℓ.5）（　　　　）
④めづ（ℓ.7）（　　　　）

2 次の太字の動詞は、ア～ケのいずれにあたるか。それぞれ選び、その終止形を書きなさい。

①隣より火**出で来**て、（p.138 ℓ.1）（　　・　　）
②衣**着**ぬ妻子なども、（ℓ.3）（　　・　　）
③家の**焼くる**を見て、（ℓ.8）（　　・　　）
④世に**あら**んには、（p.139 ℓ.4）（　　・　　）
⑤能も**おはせ**ねば、（ℓ.5）（　　・　　）

ア　四段活用　　イ　上一段活用
ウ　上二段活用　エ　下一段活用
オ　下二段活用　カ　カ変　キ　サ変
ク　ナ変　ケ　ラ変

3 次の太字の語は、ア・イのいずれにあたるか。それぞれ選び、その活用形を書きなさい。

①向かひのつらに**立て**り。（p.138 ℓ.4）（　　・　　）
②向かひのつらに**立ち**て、（ℓ.6）（　　・　　）
③この道を**立て**て（p.139 ℓ.3）（　　・　　）
④あざ笑ひてこそ**立て**りけれ。（ℓ.6）（　　・　　）

ア　タ行四段活用　　イ　タ行下二段活用

内容の理解

思考力・判断力・表現力

第一段落

1 「それも知らず、」（一三八・4）とあるが、「それ」は、具体的にどのようなことをさすか。次から選びなさい。

ア　隣の家から火事が起こったこと。
イ　良秀が立っている大路に火が迫ってきたこと。
ウ　注文を受けた仏画や自分の妻子がまだ家の中に残っていること。

〔　　〕

第二段落

2 「向かひのつらに立ちて、眺めければ、」（一三八・6）とあるが、この話の結末から考えて、良秀が「眺め」ているものは、本文中の語句を抜き出して答えなさい。

〔　　〕

3 「うちうなづきて、」（一三八・8）とあるが、このような動作をした理由を説明した箇所として適当なものを、次から選びなさい。▼学習二

ア　なんでふもののつくべきぞ。
イ　かうこそ燃えけれと、心得つるなり。
ウ　仏だによく描きたてまつらば、百千の家も出で来なん。

〔　　〕

4 次の傍線部の意味として適当なものを、あとのア〜カの中からそれぞれ選びなさい。

①「あさましきこと。」とて、人ども来とぶらひけれど、（一三八・6）
②「あさましきことかな。もののつきたまへるか。」（一三八・10）

ア　かわいそうなこと。　イ　あきれはてたこと。
ウ　たいへんなこと。　エ　思慮の足りないこと。
オ　嘆かわしいこと。　カ　いやしいこと。

①〔　　〕　②〔　　〕

第二段落

5 「わたうたちこそ、させる能もおはせねば、ものをも惜しみたまへ。」（一三九・5）について、次の問いに答えなさい。

(1) 「わたうたち」とあるが、誰をさしているか。本文中から十二字以内で抜き出しなさい。

〔　　　　　　　　　　　　〕

(2) 「ものをも惜しみたまへ」は、どのような意味か。次から選びなさい。

ア　何かともの惜しみなさるのだ。
イ　他人の家財のことまで心配するのだ。
ウ　わずかなものでも惜しんで蓄えなさい。

〔　　〕

6 「時々笑ひけり。」（一三八・8）、「あざ笑ひてこそ」（一三九・6）とあるが、次の一文はその「笑ひ」について解説したものである。空欄にそれぞれ二字の心情語を補って、一文を完成させなさい。▼学習二

前者は〔　①　〕の笑いであり、後者は〔　②　〕の笑いである。

①〔　　〕　②〔　　〕

全体

7 新傾向　次は、ある生徒が本文を読んで作ったメモの一部である。空欄にあてはまる語句を、あとのア〜カの中からそれぞれ選びなさい。

・良秀の人物像の特徴……〔　①　〕。
・最後の一文……良秀を〔　②　〕的に捉えている。

ア　快楽の追求　イ　芸術への執念　ウ　強い金銭欲
エ　肯定　オ　否定　カ　皮相

①〔　　〕　②〔　　〕

学習目標　古文を読解するための基礎知識として、用言の活用を習得する。

古文を読むために3

教科書p.140～p.141

検印

基本練習

知識・技能

1 次の傍線部の動詞の基本形（終止形）をひらがなで書きなさい。

①竹を取りつつ、よろづのことに使ひけり。（一三四・1）【　　】

②この子を見れば、苦しきこともやみぬ。（一三六・8）【　　】

③君来むと言ひし夜ごとに過ぎぬれば（一六〇・12）【　　】

2 次の傍線部の動詞の基本形（終止形）と活用の種類を書きなさい。

①男女死ぬる者数十人、（方丈記・安元の大火）【　・　】

②くらべこし振り分け髪も肩過ぎぬ（一五六・11）【　・　】

③尻をほうと蹴たれば、（宇治拾遺物語・一七六）【　・　】

④比叡の山に児ありけり。（一三四・1）【　・　】

3 次の傍線部の活用語の活用の種類を書き、活用形をあとから選びなさい。

①うれしとは思へども、（一三四・7）【　・　】

②この児、心寄せに聞きけり。（一三四・2）【　・　】

③大和人《やまとびと》、「来む。」と言へり。（一六〇・9）【　・　】

④必ず落つとはべるやらん。（一七〇・9）【　・　】

⑤三里に灸《きう》据うるより、（一九六・7）【　・　】

⑥苔《こけ》の袂《たもと》よかわきだにせよ（古今集・哀傷　八四七）【　・　】

ア　未然形　イ　連用形　ウ　終止形

エ　連体形　オ　已然形　カ　命令形

4 次の傍線部の形容詞について、活用の種類と活用形を答えなさい。

①うつくしき（ア）こと限りなし（イ）。（一三五・7）

留意点

●活用の種類の見分け方

(1)語数の少ないもの

→暗記する（複合動詞もあるので注意する）。

①上一段活用…干《ひ》る・射《い》る・鋳《い》る・着《き》る・煮《に》る・似《に》る・見《み》る・居《ゐ》る・率《ゐ》る　など

☆「ひいきにみゐ―る」と覚える。

②下一段活用…蹴《け》る

③カ行変格活用…来《く》

④サ行変格活用…す・おはす

⑤ナ行変格活用…死ぬ・往《い》ぬ（去ぬ）

⑥ラ行変格活用…あり・居《を》り・侍《はべ》り・いまそかり（いますかり）

(2)語数の多いもの

→打消の助動詞「ず」をつけて見分ける。

①四段活用……a段になる。例　行か―ず

②上二段活用…i段になる。例　起き―ず

③下二段活用…e段になる。例　受け―ず

●ア行・ヤ行・ワ行に活用する動詞

（　）内は複合動詞

ア行…下二段活用→得《う》（心得《こころう》・所得《ところう》）のみ

ヤ行…上一段活用→射《い》る・鋳《い》る

上二段活用→老《お》ゆ・悔《く》ゆ・報《むく》ゆ〈三語のみ〉

下二段活用→覚《おぼ》ゆ・聞《き》こゆ・見《み》ゆ　など

②そこはかとなく書きつくれば、あやしうこそものぐるほしけれ。（一六八・序）

ア〔　・　〕　イ〔　・　〕

③少しことさめて、この木なからましかばとおぼえしか。（一三・10）

ア〔　・　〕　イ〔　・　〕

〔　・　〕

5 次の傍線部の形容動詞について、活用の種類と活用形を答えなさい。

①あからさまに抱きて（一四八・8）〔　・　〕

②あけぼのの空朧々《ろうろう》として、（一九九・3）〔　・　〕

③風激しく吹きて、静かならざりし夜、（方丈記・安元の大火）〔　・　〕

④渺々《べうべう》たる平沙《へいさ》へぞ赴き給ふ。（平家物語・太宰府落《だざいふおち》）〔　・　〕

6 次の傍線部の語の音便の種類ともとの形を答えなさい。

①をめき叫んで攻め戦ふ。（平家物語・能登殿最期《のとどのさいご》）〔　・　〕

②義臣すぐつてこの城にこもり、（二〇〇・5）〔　・　〕

③いとうつくしうてゐたり。（一三五・2）〔　・　〕

④腹帯《はるび》を解いてぞ締めたりける。（一七七・12）〔　・　〕

7 「また、ただ一つ二つなど、ほのかにうち光りて行くも、をかし。雨など降るも、をかし。」（一四六・4）には、用言が五種類含まれている。抜き出して、順に文法的に説明しなさい。同じ語がある場合は、最初に出てきたものを抜き出し、説明すること。

①〔　〕＝〔　〕

②〔　〕＝〔　〕

③〔　〕＝〔　〕

④〔　〕＝〔　〕

⑤〔　〕＝〔　〕

ワ行…上一段活用→居《ゐ》る・率《ゐ》る（率《ひき》ゐる・用《もち》ゐる）

下二段活用→植《う》う・飢《う》う・据《す》う〈三語のみ〉

※ア行に活用する語とヤ行・ワ行に活用する語は紛らわしいが、ア行に活用する語（得〈心得・所得〉）を覚えて、判断しよう。

例 老いず……ア行・ヤ行ともにありうるが、ヤ行

植う＋ず…　×植えず　○植ゑず＝ワ行

●基本形が一字の動詞

得《う》（ア行下二段活用）　寝《ぬ》（ナ行下二段活用）

経《ふ》（ハ行下二段活用）　来《く》（カ行変格活用）

す（サ行変格活用）

※「得」「寝」「経」は、語幹と語尾の区別がない。

●動詞・形容詞・形容動詞の音便

イ音便…イ音に変化（動詞・形容詞）

・泣きて→泣いて　・悲しきかな→悲しいかな

ウ音便…ウ音に変化（動詞・形容詞）

・思ひて→思うて　・うれしくて→うれしうて

撥音便《はつおんびん》…ン音に変化（動詞・形容詞・形容動詞）

・飛びて→飛んで　・多かるなり→多かんなり

・苦しげなるめり→苦しげなんめり

※ラ変型の活用語が撥音便化する場合、撥音が表記されないこともある。読むときはン音を補う。

促音便《そくおんびん》…ッ音に変化（動詞）

・立ちて→立つて

学習目標　自然の景物や人間生活に対する作者の考え方を捉える。

枕草子（春は、あけぼの）

教科書p.146～p.147

検印

展開の把握

思考力・判断力・表現力　学習一

○空欄に漢字一字の適語を入れて、内容を整理しなさい。

第一段落（初め～p.146 ℓ.2）	第二段落（p.146 ℓ.3～p.146 ℓ.5）	第三段落（p.146 ℓ.6～p.147 ℓ.2）	第四段落（p.147 ℓ.3～終わり）
春の美	夏の美	秋の美	冬の美
春は、あけぼのがよい。 ・あたりがだんだん〔ア　〕んでいき、 →〔イ　〕の稜線のあたりがほんのり明るくなって、 →〔ウ　〕がかった〔エ　〕が細くたなびいている。	夏は、夜がよい。 ・〔オ　〕のあるころの風情のよさは言うまでもない。 ・〔カ　〕夜もやはり〔キ　〕が飛びかうころ。 ・〔ク　〕などが降る夜。	秋は、夕暮れがよい。 ・夕日が山の端に落ちかかるころ →〔ケ　〕や〔コ　〕が飛ぶ。 ・すっかり暮れたあと →〔サ　〕の音や〔シ　〕の音。	冬は、〔ス　〕朝がよい。 ・〔セ　〕や〔ソ　〕の景。 ・寒いときに炭火を持って廊下を行く。 昼になって、丸火鉢の火にも白い〔タ　〕が目立つ→ふさわしくない
趣がある	趣がある	言いようもないほど趣がある	ふさわしい情景である

語句・文法

知識・技能

1 次の語の意味を調べなさい。

①さらなり　p.146 ℓ.3　〔　　〕

②つきづきし　p.147 ℓ.5　〔　　〕

③わろし　ℓ.6　〔　　〕

2 A「をかし」・B「あはれなり」の意味と関係が深いものを、次からそれぞれ四つ選びなさい。

ア　主観的　イ　客観的

ウ　理知的　エ　情緒的

オ　閉ざされた美　カ　開かれた美

キ　対象と距離をおいて眺めて感じる趣

ク　対象と一体化して感じる趣

A〔　　〕B〔　　〕

3 次の太字の語の品詞名を書きなさい。

①山ぎは**少し**明かりて、　p.146 ℓ.1　〔　　〕

②火など急ぎ**おこし**て、　p.147 ℓ.4　〔　　〕

③いと**つきづきし**。　ℓ.5　〔　　〕

4 A「言ふべきにあらず。」（一四七・2）は「言いようもない。」、B「言ふべきにもあらず。」（一四七・3）は「言うまでもない。」の意味である。A・Bの傍線部の助動詞「べき」の文法的意味は、何か。次からそれぞれ選びなさい。

ア　当然　イ　適当　ウ　意志　エ　可能

A〔　　〕B〔　　〕

内容の理解

思考力・判断力・表現力

第一段落

1 第一段落に述べられている春の美しさとはどのようなものか。次から選びなさい。

ア 時間の経過に従って変化していく雲のたたずまいの美しさ。
イ 時間の経過に従って変化していく空の色の美しさ。
ウ 時間の経過に従って明らかになってくる景観の美しさ。

〔　　〕

第二段落

2 「ほのかにうち光りて行くも、をかし。」（一四六・4）とあるが、「も」は同趣の事柄を添加するはたらきの係助詞である。ここの「も」は何に対して「ほのかにうち光りて行く」を添加しているのか。本文中から十二字以内で抜き出しなさい。

3 「雨など降るも、をかし。」（一四六・4）とあるが、係助詞「も」は何に対して「雨など降る」を添加しているのか。次から二つ選びなさい。

ア 夏　イ 夜　ウ 月
エ 闇　オ 蛍

〔　　〕〔　　〕

第三段落

4 「三つ四つ、二つ三つ」（一四六・8）とあるが、これは鳥のどのような様子を描写しているか。次から選びなさい。

ア 三羽行きあるいは四羽行き、または二羽、三羽と群がり行くこと。
イ 初めに三羽だったのが四羽に増え、さらに二羽に減ったり三羽に増えたりすること。
ウ 数えきれないほどたくさん行くこと。

〔　　〕

5 第三段落の「秋」の内容は二つに分けることができる。後半は「日入り果てて、」（一四七・1）から始まる。後半の風物の取り上げ方には、どのような特徴があるか。次から選びなさい。

ア 視覚的　イ 聴覚的　ウ 触覚的

〔　　〕

第四段落

6 「さらでも」（一四七・4）とはどのような意味か。「さら」が指している内容を明らかにして、十字以内で口語訳しなさい。

7 「つきづきし。」（一四七・5）とあるが、筆者は、赤くおこした炭火を持って歩く様子が、何にふさわしいと言っているか。十二字以内で説明しなさい。

8 「白き灰がちになりて、わろし。」（一四七・5）とあるが、炭火が「白き灰がち」になると「わろし」なのはなぜか。その理由を次から選びなさい。 脚問2

ア 炭火が燃える音も聞こえず、灰も崩れて汚く見えるから。
イ 年老いて身勝手になってしまった人間の姿に似ているから。
ウ 朝と違って厳しい寒さが感じられず、冬に似合わないから。

〔　　〕

全体

9 この文章は、四季それぞれの自然や人事の美しい瞬間を捉えて細かく描写している。その美しさを捉えるときの観点を、どのような言葉で表現しているか。本文中から三字で抜き出しなさい。

学習目標　自然の景物や人間生活に対する作者の考え方を捉える。

枕草子（うつくしきもの）

教科書 p.148 ～ p.149

検印

展開の把握　思考力・判断力・表現力　▶学習一

○空欄に適語を入れて、内容を整理しなさい。

段落	主題	具体例
第一段落（初め ～ p.148 ℓ.6）	主題＝「かわいらしいもの」	・瓜に描いた幼児の〔ア　〕。 ・〔イ　〕の鳴き声をすると、雀の子が踊って来る姿。 ・〔ウ　〕歳ほどの幼児が、急いではって来る途中で、とても小さな塵があったのを見つけ、大人などに見せている様子。 ・おかっぱ頭の幼児が、目に髪がかかっているのを手で払いのけもしないで、首をかしげて物などを〔エ　〕様子。
第二段落（p.148 ℓ.7 ～ p.148 ℓ.9）		・大きくはない殿上童が飾り立てられて〔オ　〕姿。 ・かわいらしい幼児が、しばらく抱いてあやしたりしているうちに、抱きついたまま〔カ　〕てしまった姿。
第三段落（p.148 ℓ.10 ～ 終わり）	・何もかも〔コ　〕ものは、みなかわいらしい。	・人形遊びの〔キ　〕。 ・池から取り上げた〔ク　〕の浮葉で、とても小さいの。 ・〔ケ　〕の葉でとても小さいの。

語句・文法　知識・技能

1 次の語の意味を調べなさい。

p.148
- ℓ.1 ①うつくし〔　　〕
- ℓ.7 ②ありく〔　　〕
- ℓ.8 ③あからさまなり〔　　〕
- ℓ.9 ④らうたし〔　　〕

2 次の太字の動詞の活用の種類・活用形を、あとのア～エからそれぞれ選びなさい。

p.148
- ℓ.1 ①ねず鳴き**する**に〔　　〕
- ℓ.3 ②目ざとに**見つけ**て、〔　　〕
- ℓ.5 ③物など**見**たるも、〔　　〕

ア　下二段活用・連用形
イ　上一段活用・連用形
ウ　四段活用・未然形
エ　サ行変格活用・連体形

3 次の太字の単語の品詞・活用形を、あとのア～エからそれぞれ選びなさい。

p.148
- ℓ.1 ①**うつくしき**もの、〔　　〕
- ℓ.3 ②いと**をかしげなる**指〔　　〕
- ℓ.8 ③**あからさまに**抱きて〔　　〕
- ℓ.9 ④いと**らうたし**。〔　　〕

ア　形容詞・終止形
イ　形容詞・連体形
ウ　形容動詞・連用形
エ　形容動詞・連体形

内容の理解

思考力・判断力・表現力

第一段落

1 「瓜に描きたるちごの顔。」（一四八・1）とは、どのような意味か。次から選びなさい。

ア　瓜に絵を描いたような幼児の顔。
イ　瓜に絵を描いているときの幼児の顔。
ウ　瓜の表面に人が描いた幼児の顔。

〔　　〕

2 「雀の子の、ねず鳴きするに踊り来る。」（一四八・1）について、次の問いに答えなさい。

(1) どのような意味か。次から選びなさい。

ア　雀の子が、ねずみのようにちゅうちゅう鳴きながら、踊るようにやって来る。
イ　人が、ちゅうちゅうとねずみの鳴き声をまねして呼ぶと、雀の子が踊るようにやって来る。
ウ　ちごが、雀の子のようにねず鳴きしながら、踊るようにやって来る。

〔　　〕

(2) 「踊り来る」の次に、どのような言葉が省略されているか。本文中から六字で抜き出しなさい。

□□□□□□

第二段落

3 「装束き立てられてありくも、」（一四八・7）とあるが、どのような意味か。次から選びなさい。

ア　きれいな装束で飾りたてられて動き回っている様子も
イ　強引に正装することができて歩いている様子も
ウ　美しく正装なさって連れられて歩き回っている様子も

〔　　〕

全体

4 新傾向　「らうたし」（一四八・9）について書かれた次の文章の空欄にあてはまる言葉を、あとのア～ウから選びなさい。　学習二

「らうたし」と「うつくし」はどちらも「かわいらしい」という意味を表すが、「らうたし」には特に、弱い者・幼い者を守ってあげたいという心情が含まれる。本文では、腕の中で安心しきって眠る幼児を見て、かわいらしく思うだけでなく、いっそう強く情が動き、〔　①　〕思う気持ちが表れている。「らうたし」は「うつくし」と比べて、より〔　②　〕なかわいらしさを表す言葉だと言える。

ア　ういういしく　　イ　いとおしく　　ウ　いたましく
エ　主情的　　オ　客観的

①〔　　〕　②〔　　〕

5 この文章は類集的章段（自然・人事にわたって物事や現象を項目ごとに列挙した章段）に属し、「うつくしきもの」について述べている。次の問いに答えなさい。

(1) 「うつくしき」とほぼ同じ意味で用いられている単語を、六字で抜き出しなさい。　学習一

□□□□□□

(2) 「瓜にかきたるちごの顔。」をはじめとして、いくつの具体例が取り上げられているか。その数を漢数字で答えなさい。

〔　　〕

(3) この具体例から総括的に見て、作者はどのようなものを「うつくし」と感じているか。次から選びなさい。

ア　洗練されていて華やかであるもの。
イ　表情などがにこやかで気品があるもの。
ウ　姿や形が小さいもの。

〔　　〕

学習目標 自然の景物や人間生活に対する作者の考え方を捉える。

枕草子（中納言参りたまひて）

教科書p.150～p.151

検印

展開の把握

思考力・判断力・表現力

○空欄に適語を入れて、内容を整理しなさい。

第一段落（初め～p.150 ℓ.9）				第二段落（p.150 ℓ.10～終わり）
自慢話				弁解
（発端）	（展開）	（最高潮）	（結末）	（補足）
中納言様 参上なさって、〔ア〕を差し上げなさる。「実に珍しい扇の〔イ〕を手に入れました。この骨にふさわしい上質の〔ウ〕を求めています。」	〔エ〕「どのような骨ですか。」 中納言様 ひどく〔オ〕そうにおっしゃる。「世に見たことのない骨だ。」	私「扇の骨ではなく、〔カ〕の骨でしょう。」	中納言様 感心し、お笑いになる。「隆家の言った〔キ〕としよう。」	人々「〔ク〕も書きもらすな。」 ← 私 しかたなく書いた。

語句・文法

知識・技能

1 次の語の意味を調べなさい。

p.150 ℓ.2 ①参らす〔　〕

②おぼろけなり〔　〕

ℓ.4 ③さらに〔　〕

ℓ.10 ④かたはらいたし〔　〕

2 次の太字の副詞が対応している語を、それぞれ抜き出しなさい。

p.150 ℓ.2 ①**え**張るまじければ、〔　〕

ℓ.4 ②**さらに**まだ見ぬ骨のさまなり。〔　〕

ℓ.12 ③一つ**な**落とし**そ**。〔　〕

3 次の太字の敬語の種類と品詞を、あとのア～オからそれぞれ選びなさい。

p.150 ℓ.1 ①中納言**参り**たまひて、〔　・　〕

ℓ.2 ②御扇**奉らせ**たまふ〔　・　〕

ℓ.2 ③張らせて**参らせ**む〔　・　〕

ℓ.3 ④求め**はべる**なり。〔　・　〕

ℓ.3 ⑤と**申し**たまふ。〔　・　〕

ℓ.4 ⑥問ひ**きこえ**させたまへば、〔　・　〕

ℓ.6 ⑦言高く**のたまへ**ば、〔　・　〕

ℓ.7 ⑧**聞こゆれ**ば、〔　・　〕

ℓ.9 ⑨笑ひ**たまふ**。〔　・　〕

ア 尊敬語　イ 謙譲語　ウ 丁寧語
エ 動詞　オ 補助動詞

内容の理解

思考力・判断力・表現力

第一段落

1「え張るまじければ、」(一五〇・2)の意味を、次から選びなさい。

ア　当然張りたくないので、
イ　当然張ることができないので、
ウ　当然張ってもしかたがないので、

〔　　〕

2「求めはべるなり。」(一五〇・3)とあるが、中納言は何を求めているのか。次から選びなさい。　脚問2

ア　立派な扇の骨にふさわしいすばらしい紙。
イ　珍しい扇を差し上げるのにふさわしい立派な人。
ウ　すばらしい扇の紙にふさわしい珍しい骨。

〔　　〕

3「いかやうにかある。」(一五〇・3)の意味を、次から選びなさい。

ア　どのような紙を骨に張るのか。
イ　どのような様子の骨なのか。
ウ　どういうふうに求めるのか。

〔　　〕

4「問ひきこえさせたまへば、」(一五〇・4)で、問う動作をしたのは中宮である。動作主が中宮であると判断する根拠となる敬語表現を、五字以内で抜き出しなさい。

5「さては、扇のにはあらで、海月のななり。」(一五〇・6)について、次の問いに答えなさい。　学習二

(1)清少納言は、中納言(隆家)のどのような言葉に対してそのように言ったのか。次から選びなさい。

ア　隆家こそいみじき骨は得てはべれ。
イ　すべていみじうはべり。
ウ　さらにまだ見ぬ骨のさまなり。

〔　　〕

第一段落

(2)「海月のななり。」は、「海月の骨でしょう。」という意味であるが、この言葉が隆家の発言に対する機転のきいたしゃれとなったのはなぜか。その理由を、十二字以内で答えなさい。

第二段落

6「かやうのことこそは、かたはらいたきことのうちに入れつべけれど、」(一五〇・10)について、次の問いに答えなさい。

(1)「かやうのこと」がさす内容を、次から選びなさい。

ア　清少納言の自慢話めいたこと。
イ　扇の骨のようなつまらないもののことで論争したこと。
ウ　中宮の御前で隆家と声高に言い争ったこと。

〔　　〕

(2)「かたはらいたきこと」と、清少納言が言ったのは、このしゃれがどのようなものだからか。次から選びなさい。

ア　隆家に対して失礼なものだったから。
イ　隆家の発言がなければ思いつかなかったものだから。
ウ　学識を必要としない、ただのだじゃれだから。

〔　　〕

全体

7得意になっていたところを清少納言にしゃれでやりこめられても、「『これは隆家が言にしてむ。』とて、笑ひたまふ」(一五〇・8)という言動から、中納言隆家はどのような性格の人だと考えられるか。十五字以内で答えなさい。

学習目標　和歌に込められた心情を読み取り、話の中で和歌が果たしている役割を捉える。

伊勢物語（東下り）

教科書p.154～p.157

検印

展開の把握

思考力・判断力・表現力　▼学習一

○空欄に適語を入れて、内容を整理しなさい。

第一段落（初め～p.155 ℓ.1）	第二段落（p.155 ℓ.2～p.155 ℓ.8）	第三段落（p.155 ℓ.9～p.155 ℓ.14）	第四段落（p.155 ℓ.15～p.156 ℓ.3）	第五段落（p.156 ℓ.4～終わり）
男、旅立つ	「唐衣」の歌をよむ	「駿河なる」の歌をよむ	「時知らぬ」の歌をよむ	「名にし負はば」の歌をよむ
昔、男が〔ア　　〕を捨てて、東国のほうに住むのによい国を求めて、友達一人二人と出かけた。	三河の国〔イ　　〕で、〔ウ　　〕を見て歌をよむ、→都に残してきた〔エ　　〕をしのぶ。	駿河の国の〔オ　　〕の山で、顔見知りの〔カ　　〕に出会う。→都の〔キ　　〕のもとへ歌をことづけた。	〔ク　　〕を見て、歌をよむ。→五月下旬の夏だというのに、真っ白に雪を頂いている。→〔ケ　　〕を二十ほど積み上げたほどの高さで、〔コ　　〕のような形の山であった。	武蔵と下総の国との間にある〔サ　　〕のほとりで、都から限りなく遠くに来たことだと悲しむ。舟で川を渡るとき、〔シ　　〕を見る。→その名の懐かしさのため、望郷の思いに駆られ、〔ス　　〕への慕情を歌によむ。

語句・文法

知識・技能

1 次の語の意味を調べなさい。

- p.155 ℓ.5 ①おもしろし〔　　〕
- ℓ.8 ②みな人〔　　〕
- ℓ.11 ③います〔　　〕
- ℓ.15 ④つごもり〔　　〕
- p.156 ℓ.7 ⑤わびし〔　　〕

2 次の太字の「し」は、あとのア～エのいずれにあたるか。それぞれ選びなさい。

- p.154 ℓ.1 ①身をえうなきものに思ひな**し**て、〔　　〕
- p.155 ℓ.1 ②ひとりふたり**し**て行きけり。〔　　〕
- ℓ.7 ③唐衣きつつなれに**し**つま**し**あれば〔　　〕〔　　〕
- ℓ.12 ④見**し**人なりけり。〔　　〕

ア　格助詞「して」の一部　イ　強意の副助詞　ウ　サ行四段活用動詞の連用形活用語尾　エ　過去の助動詞「き」の連体形

3 次の太字の助動詞の意味をあとのア～オからそれぞれ選び、活用形を書きなさい。

- p.154 ℓ.1 ①京にはあら**じ**、〔　・　〕
- p.155 ℓ.2 ②住む**べき**国求めにとて〔　・　〕
- ℓ.6 ③よめ**る**。〔　・　〕
- ℓ.14 ④あはぬなり**けり**〔　・　〕

ア　完了　イ　詠嘆　ウ　適当　エ　打消意志　オ　打消推量

内容の理解

思考力・判断力・表現力

第一段落

1 「東の方に住むべき国求めにとて行きけり。」（一五四・2）について、次の問いに答えなさい。

(1) このときの男の心情として適当なものを、次から選びなさい。

ア　東国へ追いやられることに腹を立てている。
イ　新天地を開拓するのだという意気に燃えている。
ウ　失意のうちにあてのない旅に出ることを悲しんでいる。

〔　　〕

(2) 「求めに」のあとに、どのような言葉が省略されているか。三字の文語で答えなさい。

第二段落

2 「かきつばたいとおもしろく咲きたり。」（一五五・4）とあるが、男が八橋でかきつばたを見たのはいつごろか。その季節名を答えなさい。

3 「唐衣きつつ……」（一五五・7）の歌について、次の問いに答えなさい。

(1) この歌は、何を主題にしてよんだ歌か。その主題にあたる言葉を、本文中から抜き出しなさい。

〔　　〕

(2) 折句としてよまれているが、各句の頭の字をそれぞれ順に本文中から抜き出しなさい。

〔　〕〔　〕〔　〕〔　〕〔　〕

4 「うつつにも夢にも人にあはぬなりけり」（一五五・14）のあとに、どのような言葉を補うと、男の気持ちがよくわかるか。次から選びなさい。

第三段落

ア　都を遠く離れた場所で、思いがけなく懐かしい人に会いましたよ。
イ　あなたは私のことなど思っていてはくださらないのでしょうか。
ウ　あなたに都と違ったこの美しい景色を見せたいものです。

〔　　〕

第四段落

5 「時知らぬ」（一五六・1）とあるが、なぜか。その理由を十五字以内で簡潔に答えなさい。

第五段落

6 「これなむ都鳥。」（一五七・3）とあるが、船頭が強意の係助詞「なむ」を用いたのは、どのような気持ちからか。次から選びなさい。

ア　都の人なのに都鳥も知らないのか、という気持ち。
イ　懐かしい都のことを思い起こさせ、慰めようとする気持ち。
ウ　都のことは都鳥に聞けと教え諭そうとする気持ち。

〔　　〕

7 「1名にし負はば　2いざこと問はむ　3都鳥　4わが思ふ人は　5ありやなしやと」（一五七・4）の歌は倒置になっている。普通の順序に書き改めるとどうなるか。数字で示しなさい。

〔　〕→〔　〕→〔　〕→〔　〕→〔　〕

全体

8 本文中の四首に共通する気持ちとして適当なものを、次から選びなさい。　▶学習二

ア　旅先からはるかに都を思いやる気持ち。
イ　都にいる恋しい人の無事を祈る気持ち。
ウ　旅路のつらさをかみしめる気持ち。

〔　　〕

学習目標　和歌に込められた心情を読み取り、話の中で和歌が果たしている役割を捉える。

伊勢物語（筒井筒）

教科書 p.158〜p.161

検印

展開の把握　思考力・判断力・表現力

○空欄に漢字二字の適語を入れて、内容を整理しなさい。

前半		後半		
第一段落（起）（初め〜 p.158 ℓ.7）	第二段落（承）（p.158 ℓ.7〜 p.158 ℓ.12）	第三段落（転）（p.158 ℓ.13〜p.159 ℓ.2）	第四段落（結）（p.159 ℓ.2〜p.159 ℓ.8）	第五段落（補足）（p.160 ℓ.1〜終わり）
幼なじみの恋	愛の告白と結婚	結婚生活の危機	夫婦愛の回復	河内の女との結末
昔、田舎暮らしの少年と少女が〔ア　〕の周りで遊んでいた。 ・〔イ　〕して愛し合うようになる。 ↓親が持ち込む〔ウ　〕にも耳を貸さない。	・〔エ　〕に託して互いの気持ちを確かめ合う。 ← とうとうかねての望みどおりに〔オ　〕する。	何年かたち、女の親が亡くなる。 ・〔カ　〕的に苦しくなる。 ↓男は〔キ　〕の女の所へ通うようになる。	男　女（妻）を疑う。←不快に思うそぶりもなく自分を送り出すから。 女（妻）　男の〔ク　〕の間にも身づくろいをする。 男の身を〔ケ　〕して歌をよむ。 男　女（妻）がいとしくなり、河内の女の所へ行かなくなる。	男　ごくまれに河内の女の家へ行く。 河内の女の慎みのなさを見る。↓〔コ　〕を尽かす。 河内の女が男を恋い慕う歌をよむ。しかし、結局通わなくなった。

語句・文法　知識・技能

1 次の語の意味を調べなさい。

p.158 ℓ.12 ①あふ〔　〕
p.159 ℓ.5 ②うちながむ〔　〕
ℓ.7 ③かなし〔　〕
p.160 ℓ.2 ④心にくし〔　〕
ℓ.14 ⑤住む〔　〕

2 「大人になりにければ」の「にけれ」を単語に分けて、文法的に説明しなさい。

p.158 ℓ.3 〔　〕

3 次の太字の助動詞の意味と活用形を、あとのア〜クからそれぞれ選び、活用形を書きなさい。

p.158 ℓ.11 ①振り分け髪も肩過ぎ**ぬ**〔　・　〕
②君**なら**ずして〔　・　〕
p.159 ℓ.3 ③かかるにやあら**む**〔　・　〕
ℓ.6 ④夜半にや……越ゆ**らむ**〔　・　〕
p.160 ℓ.12 ⑤君来**む**と〔　・　〕
⑥言ひ**し**夜ごとに〔　・　〕
ℓ.13 ⑦頼ま**ぬ**ものの〔　・　〕

ア　打消　イ　過去　ウ　意志
エ　推量　オ　完了　カ　尊敬
キ　断定　ク　現在推量

内容の理解

思考力・判断力・表現力

前半

1「田舎わたらひしける人の子ども、」（一五八・1）の「子ども」の説明として適当なものを、次から選びなさい。

ア　名詞（子供）　イ　名詞（子）＋複数を表す接尾語（ども）
ウ　名詞（子）＋格助詞（ども）　〔　　〕

2「君ならずしてたれか上ぐべき」（一五八・11）とあるが、女は結局どのようなことが言いたかったのか。次から選びなさい。

ア　背丈も髪も伸びました。早く生活力をつけたいものです。
イ　私の夫とする人はあなた以外にありません。
ウ　あなたも早く大人になってください。　〔　　〕

3「本意のごとくあひにけり。」（一五八・12）とあるが、この「本意」を具体的に表している箇所を本文中から抜き出し、初めと終わりの四字で答えなさい。（歌は除く。句読点を含まない。）

〔　　　　〕～〔　　　　〕

後半

4「異心ありてかかるにやあらむ」（一五九・3）について、次の問いに答えなさい。

(1)「異心」とあるが、簡潔に言うとどのような心か。漢字三字で答えなさい。　▼脚問1

〔　　　〕

(2)「かかるにやあらむ」とあるが、「かかる」とは女のどのような行動をさすか。次から選びなさい。

ア　不快だという様子を見せずに、男を送り出すこと。
イ　経済的に困窮し、喜んで男を行商に出すこと。
ウ　親に先立たれ、男を頼る様子を見せること。　〔　　〕

5「夜半にや君がひとり越ゆらむ」（一五九・6）に続けて、夫の身を案ずる女の気持ちがよくわかるように、十五字以内の口語を補いなさい。

〔　　　　　　　　　　　　　　　〕

後半

6「河内へも行かずなりにけり。」（一五九・7）とあるが、男が河内へ行かなくなったのはなぜか。次から選びなさい。　▼学習三

ア　ほかの男に心を寄せるのではないかと心配に思ったから。
イ　美しい女の姿を見て、見捨てるには惜しく思ったから。
ウ　男を思う純情に打たれて、いとしく思ったから。　〔　　〕

7「頼まぬものの」（一六〇・13）とあるが、河内の女が男を「頼まぬ」気持ちになったのはなぜか。次から選びなさい。

ア　来ようと約束しておきながら、毎度来なかったから。
イ　男には美しい妻がいて、勝てないと思ったから。
ウ　生駒山が高く、男の来訪が困難であるとわかったから。　〔　　〕

全体

8 新傾向　本文について二人の生徒が話し合っている。空欄にあてはまるものを、あとから選びなさい。

生徒A：男が河内の女のところへ通うようになった要因として、〔　①　〕的な問題があったようですね。
生徒B：しかし、結局、男はもとの妻のところに戻って、河内の女のところへは通わなくなります。それは、河内の女に〔　②　〕を感じたからでしょう。

ア　倫理　イ　性格　ウ　経済　エ　嫉妬
オ　幻滅　カ　不安

①〔　　〕　②〔　　〕

学習目標 古文作品とそれについて述べた現代の文章とを関連づけて読解する。

活動 「筒井筒」と俵万智『恋する伊勢物語』との読み比べ

教科書 p.158～p.161

検印

○『伊勢物語』「筒井筒」について述べた次の文章を読んで、あとの問いに答えなさい。

恋する伊勢物語

俵 万智

絵に描いたようなハッピーなラブストーリーだった前半につづくア後半では、女の方の親が亡くなるという不幸が訪れる。若い二人にとって、これは精神的にもそして物理的にも、大打撃だった。

通い婚というシステムのもとでは、婿の面倒はすべて、女の家の側でみることになっている。まだ生活力のない二人。それなのに結婚生活は、基本的な経済基盤を失ってしまった。暮らしむきは、日に日に悪くなる。

「いくら愛があっても、それだけでは人生は生きていけない。このままでは、お互いがダメになってしまう」

そう考えた男は、新しい恋人を作り、河内《かわち》の国高安《たかやす》の郡《こおり》というところへ通うようになった。今の大阪府の東部あたりである。

そうすれば、経済面を、新しい女の家に頼ることができる。当時としては、男が複数の女のところへ通うことは、決して珍しいことではなかった。

が、今と昔、結婚のシステムは違っても、人の心はそれほど違わないだろう。

「あなた、浮気なんかしてっ。」

と、問いつめることはできないにしても、別の女のところへ自分の夫が通うとき、女は大いに傷ついたことと思われる。問いつめたり、なじったりできないぶん、ストレスもたまったのではないだろうか。

いわば公然と、男は浮気をする。しかも、今回の場合は、女の家が経済的に苦しいという大義名分つきである。大義名分つきの、妻公認の、浮気——。世の男性たちは、「うらやましいなあ」と思われるだろうか。私は男でないので断言はできないが、これは、あまり楽しそうではないなあと感じる。良心がとがめるから、ドキドキする。妻に隠れているから、ワクワクする。そういうものではないだろうか。

せめて最初の妻が、むくれたり皮肉を言ったりしてくれれば、はりあいも出ようというもの。ところが彼女は、なかなかよくできた女性で、グチの一つもこぼさない。イ男が高安へ行くとわかっていても、ニコニコと送り出してくれるのだった。

あんまりニコニコしているので、男はふと不安になる。

「　　　　　。」

自分のことは棚にあげて、いや、自分のことがあるからなおさら深く、疑いの心が湧いてくる。まったく、男とは勝手なものだ。

ある日、どうしても事の真偽を確かめたくて、男はハリコミを計画した。

「高安へ行ってくるよ。」と言っていったん家を出て、その後こっそりひき返し、庭の植え込みの陰に身をひそめる。そして、そおっと家の中の様子をうかがった。

見ると女は、念入りに化粧などして、もの思いにふけっている。さっきの笑顔はどこへやら。さだまらぬ視線は、まさに恋する女のものである。

「くーっ。やっぱり、そうだったのか。誰だ？　どいつだ？　どこの男だ？　あらわれたら、とっちめてやる。」

ウ男はすっかり、新しい恋人を待っているのだと思いこんでしまった。男でなくても、読者の誰もがそう思うだろう。結婚した女が、夫を送り出したあと、化粧をしているのである。

ところが、しばらく観察していると、女はこんな歌を一首よんだ。

　風吹けば沖つしら浪たつた山よはにや君がひとりこゆらむ

（中略）なんと、女は、浮気に出かけてゆく夫の身を案じていたのだった。もの思いにふける彼女の心を占めていたのが、自分だったと知って、男は心底感動してしまう。と同時に、こんないじらしい妻を疑ったりした自分が、恥ずかしくもなる。

飛びだしていって抱きしめたくなる気持ちをこらえるのが大変なぐらい、愛しさで胸がいっぱいになってしまった。

この件があって以来、男の足はさっぱり高安へ向かなくなる。つくづく男とは勝手なものだ。（中略）

さて、浮気相手の女性とのその後は、どうなっただろうか。「化粧と歌」の一件以来、ごくごく稀にしか、訪れることがなくなってしまったが、相手の方では熱は冷めていないらしかった。

この高安に住む女、男が通いはじめた頃は、なかなか奥ゆかしくふるまっていた。けれどだんだん親しさが増すにつれて、気どりのない態度で接してくる。ご飯をよそう時なども、

「あ、あなたのは私がよそってあげるわ、ハイ、どうぞ。」

と、自ら杓子《しゃくし》を手にとったりする。

「（おいおい、気品のある女は、そういうことはしないもんだぜ。仕えの者がいるじゃないか。よせよ、みっともない）。」

男は、心の中でつぶやくだけなので、いっこうに相手には伝わらない。女のうちとけた態度、くだけた服装、もう何もかもが気に入らなくてイライラするのだが、その傾向はつよくなるばかりだった。

特に、右に紹介した「ごはん自ら事件」は、深く心にとどまり、女への「いや気」を決定的にしてしまったらしいことが、原文から読み取れる。

杓子を使うことが、どれくらい品のないことだったのか、今の私たちにはピンときにくい。が、あえて品のないことをしてまで、男への愛情を示そうとした彼女の気持ちが、ここでは大事なのではないだろうか、と思う。

「いつまでも私がお高くとまっていたら、窮屈に感じて肩がこるんじゃないかしら。こちらから気さくな態度を見せていけば、あのかたも寛《くつろ》いでゆったりした気分になれるに違いないわ。男と女といっても、基本的には人間対人間。弱いところや、だらしないところを含めて、お互いを知りつくしてこそ、本当の愛は育つもの……。」

高安の女の態度からは、こういう気持ちが感じられる。男が通って来ている間だけ、見栄をはって澄ましていることぐらい、そうむずかしいことではないだろう。それをあえてしないところに、逆に彼女の意志があるように思われるのだ。

人間くさくて、好きだなあ、こういう人。とてもいい友達になれそうな気がする。大和の女とは、対照的で、むしろこちらの高安のほうが、妻タイプではなかろうか。私が男だったら、そうする。そして、いつも化粧をしている大和のほうを、愛人にするのだ。

しかし、いくら私が応援演説をしても、むなしい。その後、短歌に託して、二度のラブコールが高安の女から送られてきたにもかかわらず、男は通わなくなってしまった。

内容の理解

思考力・判断力・表現力

1 新傾向 本文中の空欄には「筒井筒」の本文を筆者が解釈した文章が入る。その解釈のもとになった箇所を、「筒井筒」の本文中から十三字で抜き出しなさい。

2 新傾向 『恋する伊勢物語』には、「筒井筒」を忠実に現代語訳した記述だけでなく、「筒井筒」に対する筆者独自の解釈が含まれている。傍線部ア～ウから筆者独自の解釈が含まれていないと考えられるものを選びなさい。

ア　後半では、女の方の親が亡くなるという不幸が訪れる。

イ　男が高安へ行くとわかっていても、ニコニコと送り出してくれるのだった。

ウ　男はすっかり、新しい恋人を待っているのだと思いこんでしまった。

〔　　〕

3 新傾向 次の会話文は二つの作品を読み比べて、生徒が話し合っているものである。これを読んで、あとの問いに答えなさい。

生徒Ａ：昔も、女は男の浮気心のせいで、苦しい思いをさせられていたんだね。『恋する伊勢物語』に二か所も書かれているように、まさに①「男とは勝手なもの」だよね。

生徒Ｂ：そうかな。それはあくまで、現代の私たちから見て「勝手」ということかもしれないよ。現代の私たちと、「筒井筒」の中に描かれた時代の人たちとでは、ものの見方や考え方に違うところが多くあるはずだから。

生徒Ｃ：私もそう思う。たとえば、高安の女の行動に男は幻滅していたよね。でも、『恋する伊勢物語』の筆者が「□」と言っているように、私もこの感覚はピンときていないんだ。

生徒Ｂ：そうそう。②男が高安の女のところに通い始めた理由についても、『恋する伊勢物語』の筆者は、単なる浮気心ではない別の理由があるとも言っているね。

(1) 傍線部①「男とは勝手なもの」と、生徒Ａが考える根拠にあたる「筒井筒」の男の行動を二つ選びなさい。

ア　自分は別の女のところに通っていたのに、自分を平気で送り出す大和の女の態度から浮気を疑った行動。

イ　大和の女のことを信用せずに嘘をついて出かけ、大和の女の様子を植え込みからうかがう行動。

ウ　大和の女が自分のことを気にかけてくれているのを知って胸がいっぱいになったので、飛び出して抱きしめそうになった行動。

エ　大和の女を愛おしいと思ってから、高安の女のところへ通うのをすっかりやめてしまった行動。

〔　　〕〔　　〕

(2) 生徒Ｃの□にあてはまる適切な一文を『恋する伊勢物語』から探し、その初めの五字で答えなさい。

(3) 「男が高安の女のところに通い始めた理由」とあるが、その理由とはどのようなものか。現代とは違うこの当時の結婚に対する考え方をふまえて、四十五字以内で書きなさい。

学習目標　古文を読解するための基礎知識として、助動詞のはたらきを習得する。

古文を読むために4

教科書p.162～p.165

検印

基本練習

知識・技能

1 次の傍線部の助動詞の基本形（終止形）を書き、意味をあとから選びなさい。

①筒井筒井筒にかけしまろが丈（一五八・9）〔　・　〕
②聞きしにも過ぎて、尊くこそおはしけれ。（一六八・4）〔　・　〕

ア　過去　イ　詠嘆

2 次の傍線部の助動詞の基本形（終止形）を書き、意味をあとから選びなさい。

①百千の家も出で来なん。（一三九・4）〔　・　〕
②一声呼ばれていらへむと、念じて寝たるほどに、（一二五・2）〔　・　〕
③諸国の受領たりしかども、（七九・6）〔　・　〕
④古人も多く旅に死せるあり。（一九八・3）〔　・　〕
⑤春日なる三笠の山に出でし月かも（古今集・羇旅　四〇六）〔　・　〕
⑥子になりたまふべき人なめり。（一三五・5）〔　・　〕
⑦みな人は花の衣になりぬなり（古今集・哀傷　八四七）〔　・　〕

ア　完了　イ　強意（確述）　ウ　存続　エ　断定
オ　存在　カ　推定　キ　伝聞

3 次の傍線部の助動詞の基本形（終止形）を書き、意味をあとから選びなさい。

①我と思はん人々は高綱に組めや。（一七八・11）〔　・　〕
②この柑子《かうじ》の喜びをばせんずるぞ。（宇治拾遺物語・九六）〔　・　〕
③春立つ今日の風やとくらむ（一八六・5）〔　・　〕
④心には利分とこそ思ひけめども、（一二九・2）〔　・　〕

留意点

助動詞は活用のある付属語であり、意味とともに活用を覚えることも重要である。助動詞の活用には、いくつかの「活用の型」があるため、それを意識すると理解がしやすい。

●助動詞の活用の型と活用表

①四段型…む・らむ・けむ

基本	未然	連用	終止	連体	已然	命令
	a	i	u	u	e	e
む〈ん〉	（ま）	○	む〈ん〉	む〈ん〉	め	○

②下二段型…つ・る・らる・す・さす・しむ

基本形	未然	連用	終止	連体	已然	命令
	e	e	u	uる	uれ	eよ
る	れ	れ	る	るる	るれ	れよ

③ナ変型…ぬ

基本形	未然	連用	終止	連体	已然	命令
ぬ	な	に	ぬ	ぬる	ぬれ	ね

④ラ変型…けり・たり〈完了〉・り・めり・なり〈推定〉

基本形	未然	連用	終止	連体	已然	命令
り	ら	り	り	る	れ	（れ）

⑤サ変型…むず

⑤この戒め、万事にわたるべし。（徒然草・第九二段）〔　・　〕

⑥すでに頽廃空虚《たいはいくうきょ》の草むらとなるべきを、（三〇〇・12）〔　・　〕

ア　推量　イ　意志　ウ　婉曲
エ　当然　オ　現在推量　カ　過去推量

4 **次の傍線部の助動詞の基本形（終止形）を書き、意味をあとから選びなさい。**

①まことにかばかりのは見えざりつ。（一五〇・5）〔　・　〕

②憎さに、「ふつと一文にては取らじ。」と言ふ。（一二八・5）〔　・　〕

③おぼろけの紙はえ張るまじければ、（一五〇・2）〔　・　〕

ア　打消　イ　打消当然　ウ　打消意志

5 **次の傍線部の助動詞の基本形（終止形）を書き、意味をあとから選びなさい。**

①片雲の風に誘はれて、漂泊の思ひやまず、（一九六・4）〔　・　〕

②心なき身にもあはれは知られけり（新古今集・秋上　三六二）〔　・　〕

③恐ろしくて寝《い》も寝《ね》られず。（更級日記・門出）〔　・　〕

④鎌倉殿までも知ろしめされたるらんぞ。（平家物語・木曽の最期）〔　・　〕

ア　自発　イ　可能　ウ　受身　エ　尊敬

6 **次の傍線部の助動詞の基本形（終止形）を書き、意味をあとから選びなさい。**

①君はあの松原へ入らせたまへ。（平家物語・木曽の最期）〔　・　〕

②髪上げさせ、裳着《もき》す。（一三六・3）〔　・　〕

ア　使役　イ　尊敬

7 **次の傍線部の助動詞の基本形（終止形）を書き、意味をあとから選びなさい。**

①夢と知りせばさめざらましを（古今集・恋二　五五二）〔　・　〕

②扇を広げたるがごとく末広になりぬ。（方丈記・安元の大火）〔　・　〕

③常に聞きたきは、琵琶《びは》、和琴《わごん》（徒然草・一六段）〔　・　〕

ア　願望　イ　比況　ウ　反実仮想

基本形	未然	連用	終止	連体	已然	命令
むず〈んず〉	○	○	むず〈んず〉	むずる〈んずる〉	むずれ〈んずれ〉	○

⑥形容詞型　ク活用型…べし・たし・ごとし
シク活用型…まじ・まほし

基本形	未然	連用	終止	連体	已然	命令
べし	べく べから	べく べかり	べし	べき べかる	べけれ	○
まほし	まほしく まほしから	まほしく まほしかり	まほし	まほしき まほしかる	まほしけれ	○

⑦形容動詞型　ナリ活用型…なり〈断定〉・やうなり
タリ活用型…たり〈断定〉

基本形	未然	連用	終止	連体	已然	命令
なり	なら	なり に	なり	なる	なれ	（なれ）
たり	たら	たり と	たり	たる	たれ	（たれ）

⑧特殊型　特別の型…き・ず・まし
無変化型…じ・らし

基本形	未然	連用	終止	連体	已然	命令
き	（せ）	○	き	し	しか	○
ず	ず ざら	ず ざら	ず	ぬ ざる	ね ざれ	ざれ

学習目標　法師の失敗談を読み解き、それに対する作者の主張を捉える。

徒然草（仁和寺にある法師）

教科書p.168〜p.169

検印

展開の把握　思考力・判断力・表現力

○空欄に本文中の語句を入れて、内容を整理しなさい。　▼学習二

第一段落（初め〜p.169 ℓ.5）	第二段落（p.169 ℓ.6〜終わり）
法師の失敗談	作者の主張
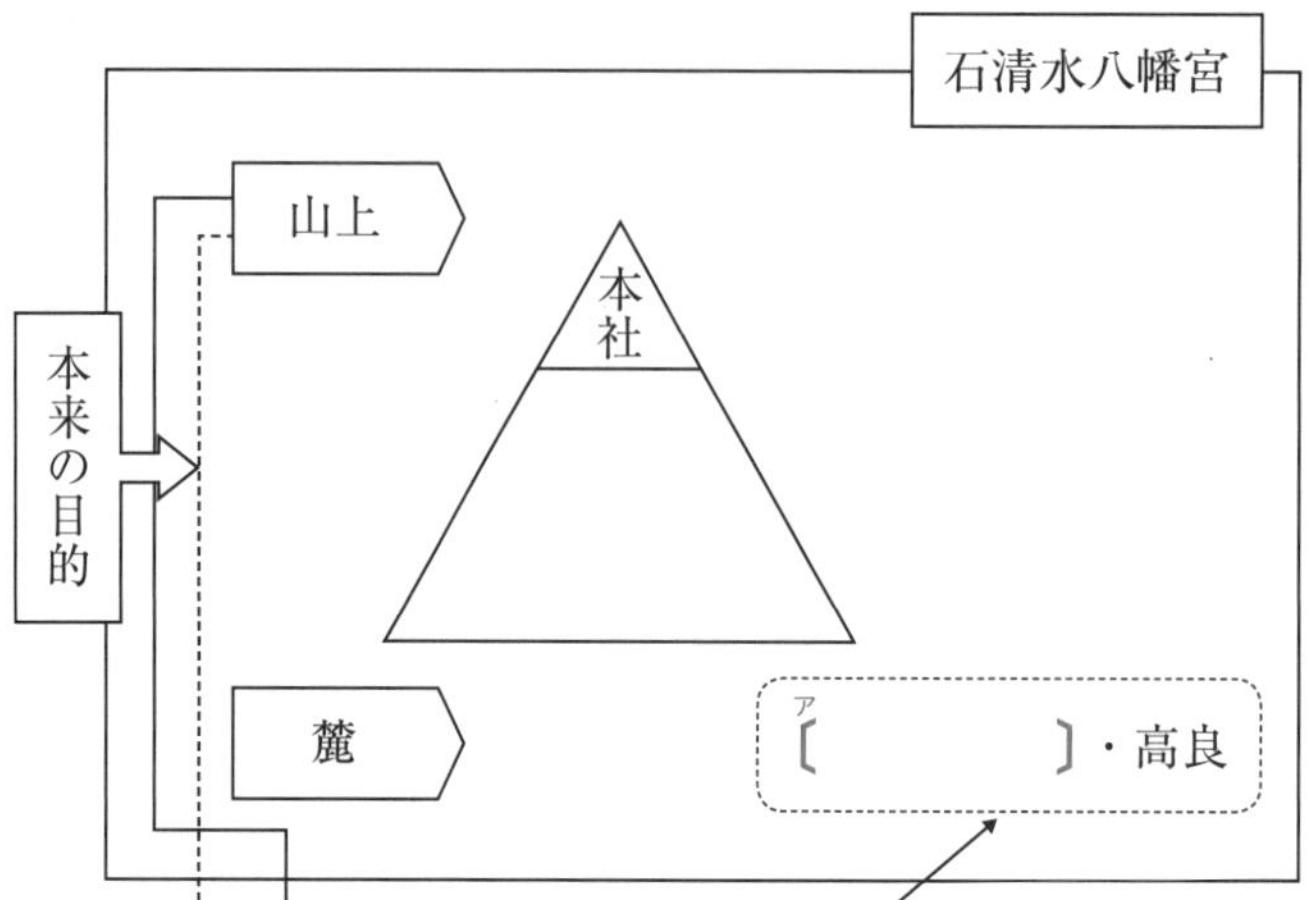	少しのことにも、その道の〔ク　　〕（指導者）は必要だ。
仁和寺にある法師 ・年を取るまで〔イ　　〕を拝んでいないのを〔ウ　　〕思う。 ・〔エ　　〕で、徒歩で詣でる。 ・〔オ　　〕と心得て帰る。 ・聞いていた以上に〔カ　　〕いらっしゃった。 ・他の参拝者は山へ登っていった。 ・自分は〔キ　　〕ことが目的だから、登らなかった。	

語句・文法　知識・技能

1 次の語句の意味を調べなさい。

p.168 ℓ.1 ①心憂し〔　　〕
ℓ.4 ②年ごろ〔　　〕
p.169 ℓ.3 ③ゆかし〔　　〕
ℓ.4 ④本意〔　　〕

2 次の動詞を、文法的に説明しなさい。

p.168 ℓ.1 ①心憂く**おぼえ**て、〔　　〕
ℓ.3 ②かばかりと**心得**て〔　　〕

3 次の太字の助動詞の意味と活用形を、あとのア〜クから選びなさい。

p.168 ℓ.3 ①帰りに**けり**。〔　・　〕
ℓ.4 ②尊くこそおはし**けれ**。〔　・　〕
p.169 ℓ.2 ③人ごとに山へ登り**し**は、〔　・　〕
④何事かあり**けん**、〔　・　〕
ℓ.6 ⑤あら**まほしき**ことなり。〔　・　〕

ア　過去　イ　願望　ウ　詠嘆
エ　過去推量　オ　完了　カ　連用形
キ　連体形　ク　已然形

4 次の太字の敬語の種類をあとのア〜ウからそれぞれ選びなさい。

p.168 ℓ.4 ①果たし**はべり**ぬ。〔　　〕
②尊くこそ**おはし**けれ。〔　　〕
p.169 ℓ.3 ③神へ**参る**こそ本意なれ〔　　〕

ア　尊敬語　イ　謙譲語　ウ　丁寧語

内容の理解

思考力・判断力・表現力

第一段落

1 **年をとるまで石清水を拝んでいないことを法師が「心憂く」**（一六八・1）**思ったという理由について、次のように説明した。空欄にあてはまる言葉を、五字以内で答えなさい。**

周囲の人々が石清水の話をするのを、［　　　　　］から。

2 **「かばかりと心得て」**（一六八・3）**とあるが、「かばかり」とはどのような気持ちを表したものか。次から選びなさい。**

ア　目に映ったものを否定して、失望の色を隠しきれぬ気持ち。

イ　目に映ったものを十分に認識して、満足している気持ち。

ウ　目に映るものすべてが珍しく、驚いている気持ち。

［　　］

3 **「尊くこそおはしけれ。」**（一六八・3）**とあるが、ここで尊敬語「おはし」が用いられているのはなぜか。主語に着目して、その理由を十五字以内で説明しなさい。**

［　　　　　　　　　　　　　　　］

4 **「参りたる人ごとに山へ登りしは、」**（一六九・1）**とあるが、法師は、人々が山へ登った理由は何だと考えていたか。次から選びなさい。**

ア　観光　　イ　移動　　ウ　運動

［　　］

5 **「山までは見ず。」**（一六九・4）**という発言からうかがえる、法師の人物像を次から選びなさい。**

▼脚問1

ア　きまじめな人。　　イ　楽天的な人。

ウ　情味豊かな人。

［　　］

第二段落

6 **「少しのことにも、先達はあらまほしきことなり。」**（一六九・6）**とあるが、なぜそういえるのか。その理由を、次から選びなさい。**

ア　人はちょっとしたことにも心を奪われて、目的を見失ってしまうものであるから。

イ　ささいなことでも、専門外の人には気づかない点やわからない点が大いにありうるから。

ウ　信仰の道は人から導かれて初めて成り立つものであり、道にはずれることは許されることではないから。

［　　］

7 **この話は、仁和寺の老法師の失敗話である。法師が失敗した原因として最も適当なものを、次から選びなさい。**

ア　無関心　　イ　不信心　　ウ　独断

［　　］

全体

8 **この話から感じられる滑稽さはどこにあるか。次から選びなさい。**

ア　法師が長年の念願を果たしたと思い込み、満足気に振る舞っているところ。

イ　法師の認識不足の言動をあざ笑って、そこに痛烈な風刺を込めているところ。

ウ　法師が知ったかぶりをして、得意気にしゃべっているところ。

［　　］

9 **この話から導き出される教訓を、一文で書きなさい。**

▼活動一

［　　　　　　　　　　　　　　　］

学習目標 本文中の出来事や例えを読み解き、そこから得られる作者の主張を捉える。

徒然草（高名の木登り）

教科書p.170～p.171

検印

展開の把握

思考力・判断力・表現力

○空欄に適語を入れて、内容を整理しなさい。

第一段落（初め～ p.170 ℓ.7）			第二段落（p.170 ℓ.8～終わり）
作者の体験談			作者の意図
不審の思い	不審の一言	感動の一言	人は見かけによらぬ
高名の木登り 人に〔ア　　〕して、高い〔イ　　〕を切らせた。 高くて〔ウ　　〕な所にいる間は、一言も発しない。	高名の木登り（降りるとき、もう安全だと思える所になって） 「〔エ　　〕をするな。〔オ　　〕て降りろ。」 ＝不審の一言 作者「この程度の〔カ　　〕なら飛び降りることもできるだろう。」	高名の木登り「〔キ　　〕がくらみ、枝が〔ク　　〕なうちは、何も申しません。〔ケ　　〕は〔コ　　〕な所になって必ずいたすものでございます。」	作者（感想） この男は〔サ　　〕者であるが、 その言うところは〔シ　　〕の教訓と一致している。 〔ス　　〕も同様で、簡単だと思うと〔セ　　〕ものである。

語句・文法

知識・技能

1 次の語の意味を調べなさい。

p.170

ℓ.1 ①掟つ〔　　〕

ℓ.3 ②心す〔　　〕

ℓ.5 ③くるめく〔　　〕

ℓ.6 ④やすし〔　　〕

ℓ.8 ⑤あやし〔　　〕

⑥かたし〔　　〕

2 次の太字の動詞の活用形を答えなさい。

p.170

ℓ.2 ①**降るる**ときに、〔　　〕

ℓ.3 ②心して**降りよ**。〔　　〕

ℓ.4 ③飛び**降る**とも〔　　〕

④**降り**なん。〔　　〕

3 次の太字の語について、品詞と敬語の種類は、あとのア～オのいずれにあたるか。それぞれ選びなさい。

p.170

ℓ.3 ①言葉をかけ**はべり**しを、〔　・　〕

ℓ.5 ②申し**はべり**しかば、〔　・　〕

③そのことに**候ふ**。〔　・　〕

ℓ.6 ④恐れ**はべれ**ば、申さず。〔　・　〕

ℓ.7 ⑤つかまつることに**候ふ**。〔　・　〕

ℓ.9 ⑥落つと**はべる**やらん。〔　・　〕

ア 動詞　**イ** 補助動詞　**ウ** 尊敬語　**エ** 謙譲語　**オ** 丁寧語

内容の理解

思考力・判断力・表現力

第一段落

1 「高名の木登り」（一七〇・1）は、「評判の木登りの名人」のように、「名人」という言葉を補って解釈することができる。「名人」と補うことが可能なのはなぜか。三十字以内で説明しなさい。

2 「いと危ふく見えしほどは言ふこともなくて、」（一七〇・2）とあるが、危険に思われたときに注意しなかったのはなぜか。次から選びなさい。

ア　恐ろしさのために緊張して、自分自身で気をつけているだろうと思ったから。
イ　恐ろしさのために、どんな注意も耳に入らないのがわかっていたから。
ウ　立派な木登りにするために、恐ろしさを乗り越えさせたかったから。

〔　　〕

3 「かばかりになりては、」（一七〇・4）とあるが、「かばかり」とはどのような内容をさすか。八字以内で抜き出しなさい。

4 「飛び降るとも降りなん。」（一七〇・4）とは、どういう意味か。次から選びなさい。

ア　飛び降りられるにしても降りない方がよいだろう。
イ　飛び降りようとしても降りられないだろう。
ウ　飛び降りたとしても降りられるだろう。

〔　　〕

第一段落

5 「そのことに候ふ。」（一七〇・5）とあるが、この言葉の説明として正しいものを次から選びなさい。

ア　当たり前のことだという名人の悟達の心境が表れている。
イ　意にかなった質問だと気負い立つ名人の思いが表れている。
ウ　いまさら問答無用だという名人の自負と威厳が感じられる。

〔　　〕

全体

6 新傾向　「あやしき下臈なれども、聖人の戒めにかなへり。」（一七〇・8）について、次の問いに答えなさい。　▼学習一

(1) 「聖人の戒めにかなへり。」は、『易経』に「君子ハ安クシテ危フキヲ忘レズ、」とあるのによる。どの言葉を中国の聖人の教訓と同じだと思ったのか。その言葉を抜き出し、初めの十字で答えなさい。

(2) 木登りの名人が示した「戒め」をまとめた次の文章の空欄にあてはまる言葉を、あとから選びなさい。

専門家は、〔　①　〕であっても〔　②　〕を忘れない。それゆえに、〔　③　〕が保たれるのである。

ア　危険　　イ　未知の場所　　ウ　身の安全
エ　勇気や決断力　　オ　易しそうな場面

①〔　　〕　②〔　　〕　③〔　　〕

(3) この「聖人の戒め」に似た日本のことわざもいろいろある。その中の一つを、四字熟語で答えなさい。

学習目標　本文中の出来事を読み解き、そこから得られる作者の主張を捉える。

徒然草（神無月のころ）

教科書p.172～p.173

検印

展開の把握

思考力・判断力・表現力　▼学習一

○空欄に適語を入れて、内容を整理しなさい。

第一段落（初め ～ p.172 ℓ.5）		第二段落（p.172 ℓ.6 ～ 終わり）	
発端 山里の草庵との出会い （初め～ p.172 ℓ.3）	展開 草庵の閑寂な趣 （p.172 ℓ.3～p.172 ℓ.5）	最高潮 深い感銘 （p.172 ℓ.6～p.172 ℓ.7）	結末 我欲に対する失望 （p.172 ℓ.7～終わり）
・旧暦［ア　］のころ、［イ　］という所を過ぎて、ある［ウ　］に分け入った。 ↓ ・苔むした［エ　］を踏み分けて（行くと）心静かにもの寂しい趣で住んでいる［オ　］がある。	・木の葉に埋もれた［カ　］からしたたる［キ　］以外は、全く音を立てるものがない。 ・［ク　］に菊や［ケ　］などが置いてあるのは、［コ　］がいるからであろう。	・このような人里離れた場所においても［サ　］ことができるのだなあと、深く［シ　］して眺める。…感銘	・あちらの［ス　］に、枝もたわむほどに実のなった［セ　］の木を［ソ　］に囲ってあった。 ↓ ・少し［タ　］冷めして、この木がなかったら、と思われた。…失望

語句・文法

知識・技能

1 次の語の読みを現代仮名遣いで書きなさい。

p.172
ℓ.1 ①神無月［　］
ℓ.2 ②庵［　］
ℓ.4 ③閼伽棚［　］
④紅葉［　］

2 次の語の意味を調べなさい。

p.172
ℓ.3 ①つゆ［　］
②おとなふ［　］
ℓ.4 ③さすがに［　］

3 「かくてもあられけるよと、」（一七二・6）に用いられている活用語を、それぞれ文法的に説明しなさい。

［　］

4 次の太字の助詞は、あとのア～カのいずれにあたるか。それぞれ選びなさい。

p.172
ℓ.4 ①住む人のあれ**ば**なるべし。［　］
ℓ.8 ②柑子の木**の**、枝もたわわになりたる［　］
③枝もたわわになりたる**が**、周りを［　］
ℓ.10 ④囲ひたりし**こそ**、少しことさめて、［　］

ア　格助詞　イ　接続助詞　ウ　副助詞
エ　係助詞　オ　間投助詞　カ　終助詞

内容の理解

思考力・判断力・表現力

第一段落

1「はるかなる苔の細道を踏み分けて、」（一七三・2）について、次の問いに答えなさい。

(1)「はるかなる」とは、どのような意味か。次から選びなさい。

ア　遠くのほうまで見える
イ　はるか遠くまで続く
ウ　あたり一面見渡す限り　〔　　〕

(2)「踏み分けて」の主語は一般に庵主《いおりぬし》とされているが、作者を主語とする説もある。このように、上を受ければ作者の動作、下へ続けば庵主の動作となるような表現によって、どのような表現効果が生じてくるか。そのことを説明した、次の文の空欄に入る二字の言葉を答えなさい。　▼脚問1

作者と庵主との〔　　〕感が生じてくる。

2「心細く住みなしたる庵あり。」（一七三・2）について、次の問いに答えなさい。

(1)「心細く」とは、どのような意味か。次から選びなさい。

ア　ひとりぼっちのわびしい様子で
イ　頼りなく不安な感じで
ウ　心静かに落ちついた、もの寂しい趣で　〔　　〕

(2)「住みなしたる庵」とは、どのような草庵か。次から選びなさい。

ア　住む人の心にかなった草庵
イ　何かの事情で住まざるを得なくなった草庵
ウ　一時的に住んでいる草庵　〔　　〕

第二段落

3「かくてもあられけるよ」（一七三・6）とあるが、「かくても」の内容として適当なものを、次から選びなさい。　▼学習一

ア　このように山里深く入った不便な所でも
イ　このように閼伽棚に菊・紅葉などを折り散らしても
ウ　このように人と交渉がなく静かに寂しい状態でも　〔　　〕

4「少しことさめて、この木なからましかば」（一七三・10）について、次の問いに答えなさい。

(1) 新傾向 作者が「少しことさめ」た理由について、生徒が話し合っている。本文に合致する発言をしている生徒を選びなさい。　▼学習二

生徒A：柑子の木の囲いから、物欲から逃れられない人の心の弱さを感じ取ったからだと思う。
生徒B：仏道修行をする人の庵に必要のない柑子の木が植えられていたからだと思う。
生徒C：色鮮やかな柑子の実は、静閑な山奥の趣に合わないと考えたからだと思う。
生徒〔　　〕

(2)「この木なからましかば」のあとに省略されている言葉を、十字以内の現代語で答えなさい。

全体

5 この章段に表れている、作者の物事を見る態度は、どのようなものか。次から選びなさい。

ア　実生活の利害を中心とした見方
イ　道徳的善悪を中心とした見方
ウ　趣味上の好悪美醜を中心とした見方　〔　　〕

学習目標　原文と口語訳を比較しながら、軍記物語の合戦の描写の工夫を読み取る。

平家物語（宇治川の先陣）

教科書p.176～p.183

検印

展開の把握　思考力・判断力・表現力

○空欄に本文（教科書p.176～p.178）中の語句を入れて、内容を整理しなさい。

段落	場面	内容
第一段落（初め～p.177 ℓ.7）	九郎御曹司の問いかけ（初め～p.176 ℓ.5）	九郎御曹司（義経） 水かさの増した宇治川の〔ア　〕を見渡して 人々（配下の軍勢）の〔イ　〕を確かめようと思ったのだろうか 「淀・一口へ〔ウ　〕べきか、水の減るのを〔エ　〕べきか。」
	畠山の回答（p.176 ℓ.5～p.177 ℓ.7）	畠山「私が〔オ　〕をいたしましょう。」＝川を渡るべき ↓〔カ　〕余騎が轡を並べる。 梶原　佐々木〔キ　〕から駆けてくる。
第二段落（p.177 ℓ.8～終わり）	先陣争い（p.177 ℓ.8～p.178 ℓ.7）	佐々木（梶原に）「腹帯が〔ク　〕て見えます。締めなさい。」 →梶原が腹帯を締めている間に追い抜いて、先に馬を乗り入れる。 梶原（佐々木に）「水の底には〔ケ　〕が張ってあるだろう。」 佐々木　太刀で綱を〔コ　〕と切りながら進み、 宇治川を〔サ　〕に渡って向かいの岸に上がる。 梶原　宇治川を〔シ　〕に押し流されて川下の岸に上がる。
	名のり（p.178 ℓ.7～終わり）	佐々木　鐙を踏んで、馬に乗ったまま立ち上がり〔ス　〕を上げて名のる。

語句・文法　知識・技能

1 次の語の意味を調べなさい。

p.177 ℓ.1　①にはかなり〔　　〕
ℓ.12　②つと〔　　〕
ℓ.13　③たばかる〔　　〕
p.178 ℓ.12　④をめく〔　　〕

2 次の太字の語の敬語としての種類を、あとのア～カからそれぞれ選びなさい。

p.176 ℓ.5　①のたまへば、〔　　〕
ℓ.8　②候ひしぞかし。〔　　〕
p.177 ℓ.1　③知ろしめさぬ海川の、〔　　〕
ℓ.2　④渡いてまゐらすべき。〔　　〕
ℓ.10　⑤締めたまへ。〔　　〕

ア　尊敬語・動詞　　イ　尊敬語・補助動詞
ウ　謙譲語・動詞　　エ　謙譲語・補助動詞
オ　丁寧語・動詞　　カ　丁寧語・補助動詞

3 「心を見んとや思はれけん」（一七六・3）には、助動詞が三つ含まれている。順に抜き出して、それぞれについて文法的に説明しなさい。

p.176 ℓ.3
〔　　〕〔　　〕〔　　〕

内容の理解

思考力・判断力・表現力

第一段落

1 「人々の心を見んとや思はれけん、」（一六・2）について、次の問いに答えなさい。

(1) 「人々」とは、どのような人々をさすか。次から選びなさい。〔　〕

ア 味方　イ 敵　ウ 民衆

(2) 「心を見ん」とあるが、具体的にどうしようというのか。次から選びなさい。〔　〕

ア 向かってくるつもりなのかどうかを確かめよう。

イ 自分たちに味方するのかどうかを確かめよう。

ウ 戦にかける意気込みのほどを確かめよう。

2 「知ろしめさぬ海川の、にはかにできても候はばこそ。」（一七・1）とあるが、このあとにどのような言葉を補うことができるか。次から選びなさい。〔　〕

ア そうであるからこそ、とるべき道は一つです。

イ そうではないのですから、迷う必要はありません。

ウ そうでなくても、よく考えたほうがいいでしょう。

3 「瀬踏みつかまつらん。」（一七・4）について、次の問いに答えなさい。

(1) 「瀬踏み」とは、具体的にどのようなことか。簡潔に答えなさい。

〔　〕

(2) 「つかまつらん。」の口語訳として適切なものを、次から選びなさい。〔　〕

ア なさるでしょう。　イ いたしましょう。

ウ 行いません。

第一段落

4 「武者二騎、ひつ駆けひつ駆け出で来たり。」（一七・5）について、次の問いに答えなさい。

(1) 「武者二騎」とは誰と誰か。それぞれ六字程度で本文中から抜き出しなさい。

(2) 「ひつ駆けひつ駆け出で来たり。」から、どのような様子が読み取れるか。「互いに」という語句を使って、簡潔に答えなさい。

〔　〕

第二段落

5 「内々は先に心を懸けたりければ、」（一七・8）とあるが、どのようなことを考えていたのか。次から選びなさい。〔　〕

ア 川を利用してうまく敵の攻撃をかわすこと。

イ できるだけ早くたくさんの敵を討ち果たすこと。

ウ 真っ先に川を渡って敵陣に一番乗りをすること。

6 「さもあるらんとや思ひけん、」（一七・11）とあるが、どのようなことを思ったのか。それについて説明した次の文の空欄にあてはまる言葉を、それぞれ本文中から二字で抜き出しなさい。

梶原は佐々木の言う通り、自分の馬の〔　①　〕が〔　②　〕ているかもしれない、ということを思った。

①

②

7「たばかられぬとや思ひけん、」(一七・13) とあるが、なぜそう思ったのか。解答欄の形式に合うように、本文中の語句を用いて二十字以内で答えなさい。

自分がぐずぐずしている間に

から。

8「生食といふ世一の馬」(一六・2) とあるが、「生食」が「世一の馬」であるというのは、本文中のどのようなところに表れているか。「摺墨」との違いを明らかにして答えなさい。

9「大音声を上げて」(一六・8) や「をめいて」(一六・12) から読み取れる佐々木の心情を表現した語として最も適切なものを、次から選びなさい。

ア 奮起
イ 狼狽《ろうばい》
ウ 恐怖

〔　〕

10 本文 (一六・1〜一六・12) の特徴として適切でないものを、次から選びなさい。

ア 擬態語が多く使われている。
イ 擬人法が多用されている。
ウ 動詞の音便が見られる。

〔　〕

11 新傾向 次に示すのは、本文 (古文) と、「中山義秀 訳」(以下、中山訳)、「古川日出男 訳」(以下、古川訳) を読んだ二人の生徒が話し合った会話の一部である。これを読んで、あとの問いに答えなさい。 ▼活動一 ▼活動二

生徒A：中山訳と古川訳の二つの訳も読んでみましたが、共通点があります。それは、[①] ということです。それぞれの訳を、古文の冒頭の「ここに大将軍九郎御曹司、……武者二騎、ひつ駆けひつ駆け出で来たり。」(一六・1〜一七・6) と比較してみると、そのことがよくわかりますね。

生徒B：二つの訳には、異なる点もあります。すぐに気づくのは、全体的には [②] ということです。

生徒A：古川訳には、[③] が多くありますね。そのため、イメージが強く印象に残るように感じました。

(1)空欄①にあてはまるものを、次から選びなさい。

ア 古文よりも一つ一つの文が短い
イ 古文よりも一つ一つの文が長い
ウ 一つ一つの文の長さが古文と同じだ

〔　〕

(2)空欄②にあてはまるものを、次から選びなさい。

ア どちらも直訳なのに印象が大きく異なる
イ 古川訳の方が中山訳よりも直訳に近い
ウ 中山訳の方が古川訳よりも直訳に近い

〔　〕

(3)空欄③にあてはまるものを、次から選びなさい。

ア 倒置表現や比喩表現
イ 比喩表現や感嘆符
ウ 感嘆符や倒置表現

〔　〕

万葉・古今・新古今

学習目標　調べや修辞技法に留意しながら、和歌の鑑賞のしかたを理解する。

教科書 p.186～p.190

検印

展開の把握

思考力・判断力・表現力　▼学習一

○空欄に適語を入れて、和歌の内容を整理しなさい。

春の苑	二句切れ	春の庭園は〔ア　〕に美しく輝いている。桃の花が照り映えている〔イ　〕に出で立つ少女よ。
袖ひちて	句切れなし	暑い〔ウ　〕に袖がぬれるままに〔エ　〕ですくって飲んだ水が、冬は凍っていたが、〔オ　〕の今日の風が今ごろ吹き解かしているだろうか。
ほのぼのと	〔カ　〕	ほんのりと春は〔キ　〕に来たらしい。あの天の香具山に、〔ク　〕がたなびいているよ。
み熊野の	句切れなし	熊野の海岸に咲く〔ケ　〕が幾重にも重なり合っているように、あなたを〔コ　〕にも心では思っているが、〔サ　〕会うことができないことよ。
暮るるかと	〔シ　〕	日が〔ス　〕かと思うと、もう夜が〔セ　〕てしまう感じの、短い〔ソ　〕の夜を、飽き足らないと言って鳴くのか、山ほととぎすよ。
橘の	句切れなし	橘の花が薫るあたりでするうた寝は、〔タ　〕の中も昔慣れ親しんだ人の袖の〔チ　〕がするよ。

語句・文法

知識・技能

1 次の語の読みを現代仮名遣いで書きなさい。

①苑（p.186 ℓ.2）〔　〕
②天の香具山（ℓ.8）〔　〕
③浜木綿（p.187 ℓ.2）〔　〕
④百重〔　〕
⑤橘（ℓ.9）〔　〕
⑥蟋蟀（p.188 ℓ.1）〔　〕
⑦夕月夜（ℓ.2）〔　〕
⑧苫屋（ℓ.7）〔　〕

2 次の語の意味を調べなさい。

①にほふ（p.186 ℓ.2）〔　〕
②ひつ（ℓ.4）〔　〕
③しのに（p.188 ℓ.2）〔　〕
④おどろく（ℓ.4）〔　〕
⑤かつ（p.189 ℓ.6）〔　〕

3 次の太字の「し」の文法的説明として正しいものを、あとのア～オからそれぞれ選びなさい。

①眺矚**し**て作る歌（p.186 ℓ.1）〔　〕
②袖ひちてむすび**し**水の（ℓ.4）〔　〕
③平城の京**し**思ほゆるかも（p.188 ℓ.10）〔　〕

ア　サ行変格活用動詞の一部
イ　副助詞「し」
ウ　過去の助動詞「き」の連体形

初句	句切れ	訳
夕月夜	句切れなし	夕月の出ている夜に、心もうちしおれるばかりに、〔ツ　　〕が置くこの庭で、〔テ　　〕が鳴いているよ。
秋来ぬと	句切れなし	秋が来たと〔ト　　〕で見たところではっきりわからないが、風の音を〔ナ　　〕にすると、自然と秋の訪れが感じられてはっとすることだよ。
見渡せば	〔ニ　　〕	見渡すと、情趣を誘うような春の〔ヌ　　〕も〔ネ　　〕の紅葉もないことだよ。漁師の苫ぶきの〔ノ　　〕が点在するだけの〔ハ　　〕の秋の夕暮れの眺めであるよ。
沫雪の	句切れなし	泡のようにやわらかい雪が〔ヒ　　〕地上に降り積もると、〔フ　　〕の都のことがしみじみと思われてならないことだ。
雪降れば	〔ヘ　　〕	雪が降ると、木という木に〔ホ　　〕が見事に咲いたことだよ。もし折り取ろうとしたならば、どれを〔マ　　〕と区別して折ろう。
かつ凍り	句切れなし	一方では凍り、同時に一方ではそれが砕ける山間の川の〔ミ　　〕が、岩と岩との間でむせぶような音を立てている、夜明け方の〔ム　　〕よ。

4 次の太字の助動詞の意味を、あとのア～クからそれぞれ選びなさい。

p.186 ℓ.5 ①春立つ今日の風やとくら**む**　〔　　〕
ℓ.7 ②春こそ空に来にけ**らし**　〔　　〕
p.188 ℓ.4 ③風の音にぞおどろか**れ**ぬる　〔　　〕
ℓ.7 ④花も紅葉もなかり**けり**　〔　　〕
p.189 ℓ.2 ⑤木ごとに花ぞ咲きに**ける**　〔　　〕
ℓ.3 ⑥いづれを梅とわきて折ら**まし**　〔　　〕

ア　完了　イ　自発　ウ　推定
エ　詠嘆　オ　ためらい　カ　可能
キ　現在推量　ク　過去推量

5 次の太字の係助詞に対する結びの語を抜き出しなさい。また、係助詞の意味をあとのア～ウからそれぞれ選びなさい。

p.186 ℓ.5 ①春立つ今日の風**や**とくらむ
結びの語〔　　〕　意味〔　　〕
p.187 ℓ.10 ②夢も昔の袖の香**ぞ**する
結びの語〔　　〕　意味〔　　〕

ア　強意　イ　疑問　ウ　反語

6 次の太字の「ぬ」を、それぞれ文法的に説明しなさい。

p.187 ℓ.3 ①直にあは**ぬ**かも
〔　　〕
p.188 ℓ.4 ②秋来**ぬ**と目にはさやかに
〔　　〕

内容の理解

思考力・判断力・表現力

大伴家持

1「春の苑……」(一八六・2)の歌について、次の問いに答えなさい。

(1)この歌のような終止のしかたを何というか。四字で答えなさい。

(2)この歌の解説として適切でないものを、次から選びなさい。

ア 「桃の花」は、美しい「をとめ」の姿を引き立てている。

イ 満開の桃の花の芳香を巧みに「紅」色で捉えている。

ウ 漢詩ふうの素材と、樹下美人図を思わせる絵画的構造の歌である。

〔　〕

紀貫之

2「袖ひちて……」(一八六・4)の歌について、次の問いに答えなさい。

(1)「むすびし水」とあるが、「むすぶ」と対比して用いられている言葉を歌の中から二字で抜き出しなさい。

(2)この歌には、三つの季節をよみこみ、季節の推移を物質の変化で捉えた理知が見られる。その季節名を出てくる順番に答えなさい。

〔　→　→　〕

(3)この歌に見られる「袖」(衣)の縁語を次から四つ選びなさい。 学習二

ア ひち　イ むすび　ウ 水

エ こほれ　オ 春　カ 立つ

キ 今日　ク 風　ケ とく

〔　〕〔　〕〔　〕〔　〕

紀貫之

(4)この歌の主題として適切なものを、次から選びなさい。

ア 納涼の楽しさ

イ 立春の喜び

ウ 春風の爽やかさ

〔　〕

後鳥羽院

3「ほのぼのと……」(一八六・7)の歌について、次の問いに答えなさい。

(1)春の気分を象徴し、この歌全体に関わっているともいえる語を抜き出しなさい。

〔　〕

(2)この歌は『万葉集』の「ひさかたの天の香具山この夕へ霞たなびく春立つらしも」を本歌としている。『万葉集』の本歌と比較したとき、『新古今和歌集』のこの歌の特色といえる要素を次から三つ選びなさい。 学習三

ア 枕詞　イ 序詞　ウ 三句切れ

エ 四句切れ　オ 五七調　カ 七五調

キ 倒置法　ク 対句法

〔　〕〔　〕〔　〕

柿本人麻呂

4「み熊野の……」(一八七・2)の歌について、次の問いに答えなさい。

(1)この歌に用いられている序詞を抜き出しなさい。

〔　〕

(2)この歌の中で、尽きることのない恋心を象徴しているものは何か。歌の中から三字で抜き出しなさい。

柿本人麻呂

(3)「心は思へど直にあはぬかも」とあるが、恋しい人に対してどのようなことを嘆いているのか。十字以内で説明しなさい。

壬生忠岑

5「暮るるかと……」(一六七・5)の歌について、次の問いに答えなさい。

(1)「暮るるかと見れば明けぬる」とは、どういう意味か。次から選びなさい。

ア 夜になったかと思えば、朝になってしまった。
イ 日が没んでしまうと、なかなか夜が明けない。
ウ 闇に覆われていたかと思えば、すっかり晴れていた。

〔　〕

(2)「飽かず」とは、「満足しない」という意味である。何が何に満足しないのか、簡潔に答えなさい。

〔　〕

(3)この歌の主題として適切なものを、次から選びなさい。

ア 夏の明け方のけだるい心持ち
イ 山ほととぎすの美しい鳴き声
ウ 夏の短い夜を惜しむ気持ち

〔　〕

藤原俊成女

6「橘の……」(一六七・9)の歌は、『古今和歌集』の「五月待つ花橘の香をかげば昔の人の袖の香ぞする」を本歌としている。本歌をふまえると、「夢も昔の袖の香ぞする」とは、夢でどのようなことがあったことを暗示しているといえるか。十二字以内で説明しなさい。

▼学習三

湯原王

7「夕月夜……」(一六八・2)の歌について、次の問いに答えなさい。

(1)「しのに」が修飾している語を抜き出しなさい。

(2)この歌の雰囲気を言い表した語として最も適切なものを、次から選びなさい。

ア 可憐
イ 陽気
ウ 清澄

〔　〕

(3)この歌によまれている景物を、三つ抜き出しなさい。

〔　〕〔　〕〔　〕

▼学習四

藤原敏行

8「秋来ぬと……」(一六八・4)の歌について、次の問いに答えなさい。

(1)この歌の中で対比されている感覚の組み合わせを、次から選びなさい。

ア 視覚と聴覚
イ 嗅覚と聴覚
ウ 視覚と触覚

〔　〕

(2)「おどろかれぬる」とは、「はっと気づかされた」という意味である。作者は何に気づかされたのか、六字以内で答えなさい。

藤原敏行

(3) この歌には、音調の上で初秋の印象に響き合った、清爽な趣を添えている形容動詞がある。その語を抜き出しなさい。
〔　　〕

藤原定家

9 「見渡せば……」（一八六・7）の歌について、次の問いに答えなさい。

(1) この歌はどのような場所についてよんだものか。次から選びなさい。

ア 家の庭　イ 浜辺
ウ 深い山
〔　　〕

(2) 「花も紅葉もなかりけり」とあるが、それらの代わりに何があるのか。歌の中から四字で抜き出しなさい。
□□□□

(3) この歌の雰囲気を言い表した語として最も適切なものを、次から選びなさい。

ア 悲嘆
イ 寂寥
ウ 諦観
〔　　〕

(4) この歌の風景は、紫式部の書いた物語の「明石の巻」に影響を受けているといわれ、想像世界の風景である。この歌に影響を与えた物語名を答えなさい。
〔　　〕

大伴旅人

10 「沫雪の……」（一八六・10）の歌について、次の問いに答えなさい。

(1) 「ほどろほどろに降り敷けば」とあるが、どのような意味か。適切なものを、次から選びなさい。

ア 薄くまだらに降り広がっていると
イ しんしんとしきりに降り積もるので
ウ ふわりふわりとやわらかに降り続くならば
〔　　〕

(2) この歌によまれている作者の心情を、次から選びなさい。

ア 懐古
イ 感嘆
ウ 望郷
〔　　〕

紀友則

11 「雪降れば……」（一八九・2）の歌について、次の問いに答えなさい。

(1) 「木ごとに花ぞ咲きにける」とあるが、「花」とは何をさしているか。次から二つ選びなさい。 ▼学習二

ア 桜　イ 白梅　ウ 紅梅
エ 木の枝に積もった雪
オ 木の下に積もった雪
〔　　〕〔　　〕

(2) 「いづれを梅とわきて折らまし」とあるが、どのような意味か。次から選びなさい。

ア どれかは梅に違いないけれど折り取るわけにはいかない。
イ どれも梅と変わらない花になって折り取れたらいいのに。
ウ どれを梅の花だと見分けて折り取ればよいのだろう。
〔　　〕

(3) 『古今和歌集』に収められた歌には、「秋の心を愁ひといひけれ」のように、漢字を分解して読み込む、文字上の遊びが見られるものがある。この歌では、「梅」の字を分解した箇所があ

紀友則

るが、それはどこか。歌の中から抜き出しなさい。

〔　　　〕

藤原俊成

12「かつ凍り……」（一八九・6）の歌について、次の問いに答えなさい。

(1)「かつ凍りかつは砕くる」とあるが、川の水が凍りついたり砕けたりしているのはなぜか。その理由を、次から選びなさい。

ア　春が近いから。

イ　人々の手が加えられるから。

ウ　夜明け方で、急流だから。

〔　　〕

(2)歌の中に、水を擬人化した言葉がある。その言葉を次から二つ選びなさい。

ア　かつ　　イ　凍り

ウ　砕くる　　エ　岩間

オ　むせぶ　　カ　声

〔　　〕〔　　〕

(3)この歌は、唐の詩人、白居易の詩文集『白氏文集』に収められている詩句を念頭に置いて作られたと考えられる。このことをふまえて、次にあげる詩句の書き下し文の空欄に入る言葉を、あとから選びなさい。

滝水凍り□流るることを得ず。（『白氏文集』巻三）

ア　怒りて

イ　咽《むせ》んで

ウ　笑ひて

〔　　〕

全体

13次の①〜③の説明に合う歌集を、あとからそれぞれ選びなさい。

①八世紀後半にほぼ成立。撰者は未詳。清心で素朴な歌風。

②九〇五年ごろの成立。繊細で優雅、かつ理知的傾向の強い歌風。

③一二〇五年成立。幽玄・有心の美を重視した独特の歌風。

ア　古今和歌集　　イ　新古今和歌集

ウ　万葉集

①〔　　〕②〔　　〕③〔　　〕

14『古今和歌集』『新古今和歌集』のように、勅命によって作られた和歌集を何というか。漢字五字で答えなさい。

□□□□□

15次の①〜⑤の説明に合う修辞技法を、あとからそれぞれ選びなさい。

①主に五音節からなり、下の特定の語にかかる固定的な修飾の言葉。

②ある語句を導き出すための前置きにする語句。主に七音節以上で、自由に創作される。

③同じ音を利用し、一つの言葉で複数の意味を表す。

④一首の中のある言葉と、関連の深い語をよみ込み、連想によってイメージを豊かにさせる。

⑤古い歌の一部を取り入れることで、歌の内容に深みを持たせる。

ア　本歌取り　　イ　縁語

ウ　掛詞　　エ　序詞

オ　枕詞

①〔　　〕②〔　　〕③〔　　〕

④〔　　〕⑤〔　　〕

学習目標 古文を読解するための基礎知識として、和歌の修辞を習得する。

古文を読むために5

教科書p.192～p.193

検印

知識・技能

基本練習

1 次の和歌の枕詞に傍線を引きなさい。

・ひさかたの光のどけき春の日にしづ心なく花の散るらむ　（古今集・春下　八四）

訳 日の光がのどかな春の日にどうして落ち着いた心もなく桜の花が散っているのだろう。

2 次の和歌の序詞に傍線を引き、導き出している語句を抜き出しなさい。

・み熊野の浦の浜木綿《はまゆふ》百重《ももへ》なす心は思へど直《ただ》にあはぬかも　（一八七・2）

訳 熊野の海岸に咲く浜木綿の（白い花が幾重にも重なり合っている）ように、あなたを幾重にも心では思っていながら直接逢うことができないことだよ。

〔　　　　〕

3 次の和歌の傍線部は、何と何との掛詞か。空欄を埋める形で答えなさい。

・花の色は移りにけりないたづらにわが身世にふる（ア）ながめ（イ）せしまに　（古今集・一一三）

訳 花の色はあせてしまったなあ、長雨が降り続く間に。私の容色も衰えてしまったなあ、むなしくこの世で月日を過ごして、もの思いにふけっていた間に。

ア 「経る」と「〔　　〕」との掛詞。　イ 「眺め」と「〔　　〕」との掛詞。

4 次の文の空欄に適当な言葉を入れて、和歌についての説明を完成させなさい。

・志賀の浦や遠ざかりゆく波間より凍りて出づる有明の月　（新古今集・冬　六三九）

訳 志賀の浦よ、（汀《みぎわ》から凍ってゆくので、波も沖のほうに）遠ざかってゆく（が、その）波間から凍って昇ってくる有明の月よ。

「さ夜更くるままに汀や凍るらむ遠ざかりゆく志賀の浦波」（後拾遺集・巻六）を下敷きにした、〔ア　　〕の歌である。また、結びに〔イ　　〕の技法を用いている。

●序詞による修飾のしかた（下の語句の導き方）

①比喩による方法

・あしびきの山鳥の尾のしだり尾の（序詞）→ながながし夜をひとりかも寝む　（拾遺集・恋三）

「あしびきの山鳥の尾のしだり尾の」は、「山鳥のしだり尾（垂れた尾）」のように「ながながし」という比喩によって、「ながながし」を導き出している。なお、「あしびきの」は「山」を導き出す枕詞である。

②掛詞による方法

・風吹けば沖つ白波（序詞）→たつた山夜半にや君がひとり越ゆらむ　（一五九・6）

「風吹けば沖つ白波」は、「白波」が「立つ」と「竜田山」の「竜」との掛詞によって、「たつ」を導き出している。

③同音反復による方法

・ほととぎす鳴くや五月《さつき》のあやめぐさ（序詞）→あやめも知らぬ恋もするかな　（古今集・恋歌一）

「ほととぎす鳴くや五月のあやめ草」は、「あやめ草」（菖蒲《しょうぶ》）の「あやめ」が「あやめ」（ものの道理・筋道）と同音であることによって、「あやめ」を導き出している。

学習目標 俳文の表現の特色を理解し、作品に表れた作者の思想や心情を捉える。

奥の細道（旅立ち）

教科書 p.198〜p.199

検印

展開の把握

思考力・判断力・表現力

○空欄に適語を入れて、散文と句の関係を整理しなさい。

第一段落（初め〜 p.199 ℓ.2）　芭蕉庵を去る

人生観
人生は〔ア　　〕である。
〔イ　　〕が人生である人もいる。
尊敬する〔ウ　　〕も多く旅で死んでいる。

漂泊の思いやみがたい。（昨秋旅から帰ったばかりだが……。）
・〔エ　　〕が立つ→〔オ　　〕の関を越えたい。
・〔カ　　〕→心狂わせる。
・〔キ　　〕の招き→取るものも手につかない。

←旅仕度をする。→松島の〔ク　　〕が心にかかる。
・笠の〔ケ　　〕をつけかえる。
・〔コ　　〕に灸をする。

←芭蕉庵を人に譲る。→〔サ　　〕の別宅に移る。「草の戸も」の句をよむ。

第二段落（p.199 ℓ.3〜終わり）　千住での別れ

三月二十七日早朝、出発。←親しい人々の見送り。

私　上野・谷中の〔シ　　〕をまたいつ見ることができるか。→心細い
〔ス　　〕で親しい人々と別れる。

私　遠い異郷に旅立つ思いが万感胸に迫る。
→〔セ　　〕の涙を流す。
「行く春や」の句をよんで〔ソ　　〕の書き始めとする。

語句・文法

知識・技能

1 次の語の意味を調べなさい。

①過客	p.198 ℓ.1	〔　　〕
②やや	ℓ.5	〔　　〕
③庵	p.199 ℓ.2	〔　　〕
④弥生	ℓ.3	〔　　〕
⑤朧々たり		〔　　〕

2 次の太字の「る」は、あとのア〜ウのいずれにあたるか。それぞれ選びなさい。

①老いを迎ふ**る**者は、	p.198 ℓ.2	〔　　〕
②旅に死せ**る**あり。	ℓ.3	〔　　〕
③春立て**る**霞の空	ℓ.5	〔　　〕
④取**る**もの手につかず、	ℓ.6	〔　　〕
⑤三里に灸据う**る**より、	ℓ.7	〔　　〕
⑥住み替は**る**代ぞ	p.199 ℓ.1	〔　　〕

ア　四段活用動詞の活用語尾
イ　下二段活用動詞の活用語尾の一部
ウ　完了・存続の助動詞の連体形
エ　可能の助動詞の連体形

3 次の太字の助詞「より」は、あとのア〜カのいずれにあたるか。それぞれ選びなさい。

①三里に灸据うる**より**、	p.198 ℓ.7	〔　　〕
②宵**より**集ひて、	p.199 ℓ.5	〔　　〕

ア　起点　　イ　手段　　ウ　原因
エ　即時　　オ　比較　　カ　限定

内容の理解

思考力・判断力・表現力

第一段落

1 「月日は百代の過客にして、行きかふ年もまた旅人なり。」（一九六・1）には、どのような修辞技法が用いられているか。次から選びなさい。　▼学習一

ア　掛詞と擬人法　　イ　掛詞と対句

ウ　対句と擬人法　〔　　〕

2 「春立てる霞の空に、」（一九六・5）の「立てる」は、「霞が立つ」意と、ほかにどのような意味が掛けられているか。漢字二字で答えなさい。

3 「草の戸も……」（一九九・1）の句について、次の問いに答えなさい。

(1) ①季語と②切れ字をそれぞれ答えなさい。　①〔　　〕　②〔　　〕

(2) 「草の戸も住み替はる代ぞ」と感慨を述べているが、「も」は本文中のどの一文をふまえて用いたと考えられるか。該当する一文を、本文中から抜き出し、初めの五字で答えなさい。

4 「上野・谷中の花の梢、またいつかはと心細し。」（一九九・4）とあるが、これはどのような気持ちを表現しているか。次から選びなさい。

ア　古来江戸の桜の名所である上野や谷中で、いつか桜を見たいという願い。

イ　長旅からいつか無事に江戸へ戻り、再び上野や谷中の桜を見ることができるだろうかという不安。

ウ　上野や谷中が桜の名所だといっても、桜の花はいつか散ってしまうものだという無常観。　〔　　〕

第二段落

5 「行く春や……」（一九九・8）の句について説明した次の文の空欄①②にあてはまる言葉を、あとのア～オからそれぞれ選び、記号で答えなさい。

「行く春や」の句は、「鳥啼き魚の目は涙」という生き物の様子に託して〔①〕の情を表現している。さらに、その情景に託して、旅行く自分と見送りの人々の〔②〕の情を表現している。

ア　哀惜　　イ　惜別　　ウ　追慕　　エ　惜春　　オ　春愁　　①〔　　〕　②〔　　〕

6 「行く道なほ進まず。」（一九九・9）とあるが、なぜか。その理由を十五字以内で答えなさい。

全体

7 この文章から読み取れる芭蕉の心情にあてはまらないものを次から選びなさい。　▼学習二

ア　人生を旅と捉え、旅に生きたい。

イ　人との別離は悲しいが、出発すれば忘れてしまう。

ウ　旅は命がけで、前途への不安はつきない。　〔　　〕

8 「奥の細道」は、松尾芭蕉が旅先で見聞きしたことと、それにちなんだ句を記したものである。このような作品を何というか。次から選びなさい。

ア　俳諧紀行文　　イ　旅日記　　ウ　歌物語　　〔　　〕

学習目標　俳文の表現の特色を理解し、作品に表れた作者の思想や心情を捉える。

奥の細道（平泉）

教科書p.200～p.201

検印

展開の把握

思考力・判断力・表現力

○空欄に適語を入れて、散文と句の関係を整理しなさい。　▼学習一

第一段落（初め～p.200 ℓ.9）	第二段落（p.200 ℓ.10～終わり）
高館に登り、武者たちをしのんで、「夏草や」の句をよむ	光堂を見、往時の栄華をしのんで、「五月雨の」の句をよむ
藤原三代の栄華の跡を見る ・藤原三代の栄華も〔ア　　〕のうちの夢のようにはかなく滅び、〔イ　　〕だけが当時の形を残している。 ・高館に登ると、北上川、衣川、泰衡らの旧跡が見える。義経主従が奮戦した跡も今は〔ウ　　〕の茂る草むらとなっている。 芭蕉の思い ・杜甫の「春望」の詩を思い浮かべ、〔エ　　〕の悠久さに比べて、人間の営みが〔オ　　〕ことを思い、涙を落とした。 句 夏草やつはものどもが夢の跡 ← 今ははかなく消えた、昔の武者たちの武功	中尊寺金色堂を見る ・かねてから噂に聞いていた中尊寺の経堂と〔カ　　〕が開かれていた。 ・他の場所同様、堂の装飾は失われ、扉や柱は風雪に朽ち、何もない〔キ　　〕になるはずだったが、〔ク　　〕が造られて風雨から堂を守っている。 芭蕉の思い ・しばらくの間ではあるが、千年の昔をしのぶ〔ケ　　〕となるだろう。 句 五月雨の降り残してや光堂 ← 昔の栄華の名残を留めていることへの賛嘆

語句・文法

知識・技能

1 次の語の意味を調べなさい。

p.200 ℓ.1 ℓ.5 ℓ.13

①栄耀〔　　〕
②さても〔　　〕
③功名〔　　〕
④かたみ〔　　〕

2 次の太字の連用形の動詞の活用の種類を、あとのア～オからそれぞれ選びなさい。

p.200 ℓ.11 ℓ.12

①七宝**散り失せ**て、〔　　〕
②霜雪に**朽ち**て、〔　　〕
③新たに**囲み**て、〔　　〕

ア　四段活用　イ　上一段活用
ウ　上二段活用　エ　下一段活用
オ　下二段活用

3 次の太字の助動詞は、あとのア～エのいずれにあたるか。それぞれ選びなさい。

p.200 ℓ.7 ℓ.12

①涙を落としはべり**ぬ**。〔　　〕
②草むらとなる**べき**を、〔　　〕

ア　打消　イ　完了　ウ　推量　エ　当然

4 次の太字の「なり」は、あとのア～エのいずれにあたるか。それぞれ選びなさい。

p.200 ℓ.1 ℓ.3

①秀衡が跡は田野に**なり**て、〔　　〕
②南部より流るる大河**なり**。〔　　〕

ア　四段活用動詞　イ　形容動詞活用語尾
ウ　断定の助動詞　エ　伝聞の助動詞

内容の理解

第一段落

1 「さても、義臣すぐつてこの城にこもり、」（三〇〇・5）について、次の問いに答えなさい。　思考力・判断力・表現力

(1) 「義臣すぐつて」とあるが、誰が「すぐ」ったのか。次から選びなさい。

ア　秀衡　イ　泰衡　ウ　義経　〔　　〕

(2) 「この城にこもり」とあるが、「この城」とは何をさすか。次から選びなさい。

ア　高館　イ　和泉が城　ウ　衣が関　〔　　〕

2 新傾向 「国破れて山河あり、城春にして草青みたり。」（三〇〇・6）は、杜甫の「春望」の詩（国破れて山河在り、城春にして草木深し。時に感じては花にも涙を濺《そそ》ぎ、別れを恨みては鳥にも心を驚かす。烽火《ほうくわ》三月に連なり、家書万金《ばんきん》に抵《あ》たる。白頭掻《か》けば更に短く、渾《すべ》て簪《しん》に勝《た》へざらんと欲す。）の一説である。杜甫は、安史《あんし》の乱の際に反乱軍に囲まれた状況でこの詩を作ったが、芭蕉は、杜甫とは違った意味でこの詩句を口ずさんでいる。①杜甫・②芭蕉の気持ちを、それぞれ次から選びなさい。

ア　自然の賛美　イ　旅泊の寂しさ　ウ　永遠への憧れ

エ　乱世の憂え　オ　転変の嘆き　①〔　　〕②〔　　〕

3 「夏草やつはものどもが夢の跡」（三〇〇・8）とあるが、「つはもの」たちの「夢」とは何のことか。本文中から二つ、それぞれ漢字二字で抜き出しなさい。▶学習一

4 「卯の花に兼房見ゆる白毛かな」（三〇〇・9）とあるが、曽良は「兼房」のどのような姿を眼前に思い浮かべてこの句をよんだと考えられるか。その姿を、十五字以内で具体的に説明しなさい。

第二段落

5 「しばらく千歳のかたみとはなれり。」（三〇〇・13）とあるが、「しばらく」と言っているのはなぜか。次から選びなさい。

ア　悠久の自然とは異なり、人工物はいつかは朽ち果てるから。

イ　悠久の時間の中で、昔のおもかげをわずかに残しているから。

ウ　一時的にせよ、このすばらしい遺産を残したいと願っているから。　〔　　〕

6 「五月雨の降り残してや光堂」（三〇一・1）とあるが、この句はどのようなことを表現しているか。次から選びなさい。

ア　周囲に五月雨が降る中、光堂だけは雨が避けているという幻想的な光景を目撃した感動。

イ　この光堂にだけは、永遠に五月雨が降らないでほしいという願望。

ウ　五月雨が降るのを避けていたかのように、長い年月、風雪に耐えて残った光堂に対する賛嘆。　〔　　〕

全体

7 この文章の主題について次のようにまとめた。空欄①・②にあてはまる言葉を、あとのア～オからそれぞれ選びなさい。

自然の悠久さと比較して、人の世の〔　①　〕を感じている。第一段落ではそのことへのあわれみ・悲しみに、第二段落ではその中にあっても認められる人の営為への〔　②　〕に主眼が置かれている。

ア　荒廃　イ　無常　ウ　稚拙さ　エ　賛嘆　オ　激励

①〔　　〕②〔　　〕

学習目標 漢文を訓読するための基礎知識として、返り点の種類と使い方を習得する。

訓読に親しむ㈠・漢文を読むために1

教科書 p.208～p.209

検印

基本練習

知識・技能

1 次の空欄にあとの語群にある語をそれぞれ補い、漢文の構造を示しなさい。

①大器《ハ》晩成《ス》。〔　　〕〔　　〕。

②良薬《ハ》苦《にがシ》レ口《ニ》。〔　　〕〔　　〕〔　　〕。

③転《ジテ》レ禍《わざはヒヲ》為《なス》レ福《ト》。〔　　〕〔　　〕〔　　〕〔　　〕。

④歳月《ハ》不《ず》レ待《タ》レ人《ヲ》。〔　　〕〔　　〕〔　　〕〔　　〕。

【語群】 主語　述語　目的語　補語　否定詞

2 次の漢文にレ点をつけなさい。

①我　読　書。〔我　書を読む。〕

②我　不　読　書。〔我　書を読まず。〕

③縁　木　求　魚。〔木に縁《よ》りて魚を求む。〕

④有　備　無　患。〔備へ有れば患《うれ》ひ無し。〕

⑤覆　水　不　返　盆。〔覆水　盆に返らず。〕

3 次の漢文に一二（三）点をつけなさい。

①借　虎　威。〔虎の威を借る。〕

②平-定　海　内。〔海内《かいだい》を平定す。〕

③欲　長　王　漢　中。〔長く漢中に王たらんと欲す。〕

確認

●返り点の種類と使い方

①**レ点（レ）**　下の一字からすぐ上の一字に返って読む。

例 登《ル》レ山《ニ》。（山に登る。）

②**一二点（一・二・三…）**　二字以上離れた下の字から上へ返って読む。

例 登《ル》二富士山《ニ》一。（富士山に登る。）

③**上中下点（上・下、上・中・下）**　一二点を必ず中に挟み、さらに上へ返って読む。

例 有《リ》下登《ル》二富士山《ニ》一者上。

（富士山に登る者有り。）

④**甲乙点（甲・乙・丙…）**　上中下点で足りない場合に、上中下点を挟んで使用する。

⑤**その他**

(1)　レ点は、一二点の「一」、上中下点の「上」など、それぞれの種類の一番最初の記号とだけ併用できる。→「一レ」「上レ」「甲レ」

＊読むときは、レ点の下の字を先に読む。

＊「二レ」や「下レ」、「乙レ」はない。

例 多《シ》二人《ノ》犯《スモノ》一レ罪《ヲ》。（人の罪を犯すもの多し。）

例 父喜《ブ》下子《ノ》受《カリテ》二試験《ニ》一告《グルヲ》上之《これヲ》。

（父　子の試験に受かりて之を告ぐるを喜ぶ。）

(2)　下から二字以上の熟語に返る場合は、熟語の間に「-」を入れて、最初の字の左下に返

④行百里者半九十。
〔百里を行く者は九十を半ばとす。〕

4 **次の漢文にレ点、一二点をつけなさい。**

①百聞不如一見。
〔百聞は一見に如《し》かず。〕

②宋人有耕田者。
〔宋人《そうひと》に田を耕す者有り。〕

③有言者、不必有徳。
〔言有る者は、必ずしも徳有らず。〕

④不入虎穴、不得虎子。
〔虎穴に入らずんば、虎子を得ず。〕

⑤好之者、不如楽之者。
〔之《これ》を好む者は、之を楽しむ者に如かず。〕

5 **次の返り点による読み順を、□内に算用数字で記しなさい。**

① □レ□□レ□。
② □レ□レ□レ□。
③ □二□□レ□一。
④ □レ□二□□□一。
⑤ □三□□□二□□一。
⑥ □三□□二□□レ□。

6 **次の漢文に一二点、上（中）下点をつけなさい。**

①不以千里称。
〔千里を以《も》つて称せられず。〕

②有能為鶏鳴者。
〔能《よ》く鶏鳴を為す者有り。〕

③不為児孫買美田。
〔児孫《じそん》の為《ため》に美田を買はず。〕

7 **次の漢文に返り点をつけなさい。**

①勿以悪小為之。
〔悪の小なるを以つて之を為すこと勿《な》かれ。〕

②無不知愛其親者。
〔其《そ》の親を愛するを知らざる者無し。〕

③知我之《の》不遇明君。
〔我の明君に遇《あ》はざるを知る。〕

り点をつける。

例 教-育ス二子弟ヲ一。（子弟を教育す。）

内容の理解

1 **次の文の意味を答えなさい。** 思考力・判断力・表現力

①大器は晩成す。

②歳月は人を待たず。

③百里を行く者は九十を半ばとす。

④児孫の為に美田を買はず。

⑤言有る者は、必ずしも徳有らず。

⑥悪の小なるを以つて之を為すこと勿かれ。

学習目標　漢文を訓読するための基礎知識として、助字と再読文字の意味や読み方を習得する。

訓読に親しむ(二)(三)・漢文を読むために2・3

教科書p.210～p.213

検印

基本練習　知識・技能

1 送り仮名に注意して、次の漢文の太字の助字の意味を、あとの語群から選び、記号で答えなさい。

①青シ二**於**藍ヨリモ一。〔　　〕
②志ス二**于**学ニ一。〔　　〕
③荘子行ク二**於**山中ニ一。〔　　〕
④労スルレ力ヲ者ハ治メラル二**於**人ニ一。〔　　〕
⑤学ビテ**而**時ニ習フレ之ヲ。〔　　〕
⑥視レドモ**而**不レ見エ。〔　　〕

【語群】
ア　場所　イ　時間　ウ　対象　エ　起点　オ　比較
カ　受身　キ　順接　ク　逆接

2 口語訳を参考にして、次の漢文の空欄に送り仮名を補いなさい。

①勿カレレ施スコト二於人〔　〕一。〔人にしてはいけない。〕
②青ハ取ル二之ヲ於藍〔　〕一。〔青色は藍から取る。〕
③遊ブ二於赤壁之下〔　〕一。〔赤壁のあたりで遊んだ。〕
④登〔　〕二太山ニ一而小トス二天下ヲ一。〔太山に登って国全体を小さいと感じる。〕

3 次の漢文を書き下し文に改めなさい。

①夫《ふ》差《さ》敗ル二越ヲ于夫《ふ》椒《せう》ニ一。〔　　〕
②樹欲スレドモレ静カナラント而風不レ止《や》マ。〔　　〕

確認

❷助字の種類とはたらき

①置き字として使われるもの

於(于・乎)　場所・時間・対象・起点・目的・比較・受身などを表す。
而　接続を表す。順接にも逆接にも用いる。
矣(焉・也)　文末につく。断定・完了・強意の意味。
＊右にあげた字を読む場合もあるので注意。

②置き字として使われないもの

・文中で使われるもの

之(の)　修飾の関係や主格を表す。
与(と)　並列を表す。必ず返り点がつく。
者(は・もの・こと)　主語を提示する。
也(や)　主格・呼びかけを表す。
則(即・乃・便・輒)(すなはチ)　条件を表したり、副詞として用いられたりする。

・文末で使われるもの

也(なり)　断定を表す。
哉(乎・夫・也・与・邪・耶・歟)(かな)　感嘆を表す。
乎(哉・夫・也・与・邪・耶・歟)(や・か)　疑問・反語・強意を表す。
耳(爾・已・而已・而已矣)(のみ)　限定を表す。
＊助字は助動詞や助詞に相当するものが多い。書き下し文に改める際にはひらがなで書く。

③ 母之愛《スル》レ子《ヲ》也《や》倍《ス》レ父《ニ》。〔　　　〕

④ 求《ムル》二其《ノ》放心《ヲ》一而已矣。〔　　　〕

4 **次の漢文の空欄に入れるのに適当な助字を、下の語群から選びなさい。**

① 聞《ク》二弦歌□声《ヲ》一。〔弦歌の声を聞く。〕

② 善《ク》□レ人交《ハル》。〔善く人と交はる。〕

③ 嗚《あ》呼《あ》哀《シイ》□。〔嗚呼　哀しいかな。〕

④ 直《たダ》不《ル》二百歩《ナラ》一□。〔直だ百歩ならざるのみ。〕

⑤ 其《ノ》行《フ》レ己《ヲ》□恭《つつしム》。〔其の己を行ふや恭む。〕

【語群】
也　哉　之　与　耳

5 **書き下し文中の太字を参考にして、次の漢文の空欄に漢字を入れなさい。**（訓点は省略してある）

① 虎□百獣而□□。〔虎　百獣を**求**めて**之**を**食**らふ。〕

② 吾□□□孰美。〔吾と**徐公**と（**与**）孰《いづ》れか美なる。〕

③ 女□会稽□恥□。〔女《なんぢ》　会稽の（**之**）恥を**忘**れたるか（**邪**）。〕

6 **書き下し文を参考にして、次の白文に訓点をつけなさい。**

① 天下莫柔弱於水　〔天下に水よりも柔弱なるは莫《な》し。〕

② 無見其利而不顧其害　〔其の利を見て其の害を顧みざること無かれ。〕

③ 君子欲訥於言而敏於行　〔君子は言に訥《とつ》にして行ひに敏ならんことを欲す。〕

●再読文字の種類とはたらき

一字を二度訓読する文字を再読文字という。

① 一度目の読みは、再読文字につけられた返り点を無視して副詞的に読む。（書き下し文にするときは漢字で書く。）

② 二度目の読みは、返り点に従って助動詞や動詞として読む。（再読文字の左下の送り仮名を使う。書き下し文にするときはひらがなにする。）

（　）内のカタカナはサ変動詞の活用を表す。

未〔いまダ〜（セ）ず〕まだ〜しない。今まで〜ない。

将〔まさニ〜（セント）す〕〜しようとする。

且〔まさニ〜（セント）す〕〜しようとする。

猶（由）〔なホ〜ノ・（スル）ガごとシ〕ちょうど〜のようだ。

＊体言に続くときは「ノ」、用言に続くときは「ガ」を送る。

当〔まさニ〜（ス）べシ〕〜しなければならない。

応〔まさニ〜（ス）べシ〕きっと〜のはずだ。

＊「当」と「応」は読みは同じだが、「当」は当然、「応」は推量の意でよく用いられる。

宜〔よろシク〜（ス）べシ〕〜するのがよい。

須〔すべかラク〜（ス）べシ〕〜する必要がある。

盍（蓋）〔なんゾ〜（セ）ざル〕どうして〜しないのか。

＊反語の用法が多いが、疑問の場合もある。

7 次の漢文の太字の再読文字の読みを、送り仮名を含めてすべてひらがなで記しなさい。

①田園**将**㆑蕪《あ》レント。　田園〔　　〕蕪れんと〔　　〕。

②及㆑時ニ**当**㆓勉励㆒ス。　時に及びて〔　　〕勉励す〔　　〕。

③過《あやま》テバ則《すなは》チ**宜**㆑改㆑ム之ヲ。　過てば則ち〔　　〕之を改む〔　　〕。

④行楽**須**㆑及㆑ブ春ニ。　行楽〔　　〕春に及ぶ〔　　〕。

⑤毋カレ㆑測㆑ルコト**未**㆑至ラ。　〔　　〕至ら〔　　〕測ること毋かれ。

8 次の漢文を参考にして、読み順を□内に算用数字で記しなさい。（◫は再読文字）

①過ギタルハ猶《なほ》㆑ごとシ不㆑ルガ及バ。　□ ◫㆑ □㆑ □。

②当シ㆑ニ惜㆓シム分陰ヲ㆒。　◫㆑ □㆓ □ □㆒。

③盍《なんゾ》ざル㆔各《おのおの》言ハ㆓爾《なんぢ》ノ志ヲ㆒。　◫㆔ □ □㆓ □ □㆒。

④不㆑知㆓ラ老イ之将ニ㆒㆑ルヲ至ラント。　□㆑ □㆓ □ □ ◫㆒㆑ □。

9 口語訳を参考にして、次の漢文の空欄に送り仮名をカタカナで補いなさい。

①未〔　〕㆓嘗《かつ》テ敗北〔　〕㆒。　〔これまでにまだ敗北したことがない。〕

②引㆑キテ酒ヲ且〔　〕㆑飲〔　〕㆑之ヲ。　〔酒を引き寄せてまさに飲もうとする。〕

③猶シ〔　〕㆓魚之有〔　〕㆒㆑水。　〔ちょうど魚に水が有るようなものだ。〕

④〔　〕応〔　〕㆑〔　〕知ル㆓故郷ノ事ヲ㆒。　〔故郷のことを知っているにちがいない。〕

内容の理解

思考力・判断力・表現力

1 次の文の意味を答えなさい。

①直だ百歩ならざるのみ。

〔　　　　〕

②過ぎたるは猶ほ及ばざるがごとし。

〔　　　　〕

③老いの将に至らんとするを知らず。

〔　　　　〕

④先んずれば即ち人を制し、後るれば則ち人の制する所と為る。

〔　　　　〕

⑤君子は言に訥にして行ひに敏ならんことを欲す。

〔　　　　〕

⑥天下に水よりも柔弱なるは莫し。

〔　　　　〕

学習目標　漢文の訓読に慣れるとともに、「五十歩百歩」の言葉の由来となった故事を読解する。

五十歩百歩

教科書p.216～p.217

検印

展開の把握　思考力・判断力・表現力

○空欄に適語を入れて、内容を整理しなさい。

孟子の言葉

戦争のとき、敵の勢いに押された兵士が〔ア　〕を捨てて逃げ去りました。逃げるとき、〔イ　〕逃げて立ち止まる者と、〔ウ　〕逃げて立ち止まる者がいます。〔エ　〕で立ち止まった者が〔オ　〕で立ち止まった者を卑怯《ひきょう》だと笑ったら、王様はどう思われますか。

恵王の言葉

笑うのはよくない。〔カ　〕逃げた者も〔キ　〕しか逃げなかった者も逃げたことに変わりはないのだから。

書き下し文　知識・技能

▼学習一

○本文を一文ごとに書き下し文に改めなさい。

語句・句法　知識・技能

1 次の語の読み（送り仮名も含む）と意味を調べなさい。

p.216 ℓ.8 ①則ち　〔　〕〔　〕

ℓ.9 ②亦　〔　〕〔　〕

2 次の文を書き下し文に改めなさい。

①惟《た》ダ有ルノミ二黄《くわう》昏《こん》鳥《てう》雀《じやく》ノ悲シム一。

〔　〕

②楚《そ》人《ひと》ハ沐《もつ》猴《こう》ニシテ而冠スル耳。

〔　〕

内容の理解　思考力・判断力・表現力

1 ①「五十歩」・②「百歩」にたとえられているものは何か。導入文（二一六・1～4）を参考にしてそれぞれ次から選びなさい。

▼学習二

ア　隣国の政治　イ　孟子の政治

ウ　恵王の政治　①〔　〕②〔　〕

全体

2 「五十歩百歩」の意味を次から選びなさい。

ア　違いが全く見つからないほど似ていること。

イ　大差はなく、本質的には同じであること。

ウ　比較できないほど大きな違いがあること。

〔　〕

学習目標 漢文の訓読に慣れるとともに、「矛盾」の言葉の由来となった故事を読解する。

矛盾

教科書 p.218〜p.219

検印

展開の把握　思考力・判断力・表現力

○空欄に適語を入れて、内容を整理しなさい。

①〔ア　　〕の国の人に〔イ　　〕と〔ウ　　〕を売り歩く者がいた。

②その〔エ　　〕をほめて言うには、わたしの〔オ　　〕のかたさはどのような武器でも〔カ　　〕ことができないのです、と。

③さらに、その〔キ　　〕をほめて言うには、わたしの〔ク　　〕の鋭さはどのような武器をも〔ケ　　〕さないことがないのです、と。

④すると、その場にいたある人が、あなたの〔コ　　〕であなたの〔サ　　〕を突いたらどうなりますか、と言った。

⑤その人は返事をすることができなかった。

書き下し文　知識・技能　▼学習一

○本文を一文ごとに書き下し文に改めなさい。

語句・句法　知識・技能

1 次の語の読み（送り仮名も含む）と意味を調べなさい。

p.218 ℓ.7 ①能く〔　　〕〔　　〕

ℓ.9 ②何如〔　　〕〔　　〕

2 次の文を書き下し文に改めなさい。

①人《トシテ》無《シ》レ不《ル》二飲食《セ》一。〔　　〕

②非《ザル》レ不《ルニ》レ悪《にくマ》レ寒《キヲ》也。〔　　〕

内容の理解　思考力・判断力・表現力

全体

1 ①「楚人」・②「盾と矛」にたとえられているものは何か。導入文（二八・1〜5）を参考にしてそれぞれ次から選びなさい。▼学習二

ア　漁師たち　イ　孔子

ウ　舜と尭

①〔　　〕②〔　　〕

2 この話から「矛盾」という言葉ができたが、意味として正しいものを次から選びなさい。

ア　つじつまが合わないこと。

イ　嘘《うそ》を言うこと。

ウ　誠実さがないこと。

〔　　〕

学習目標 漢文の訓読に慣れるとともに、「蛇足」の言葉の由来となった故事を読解する。

蛇足

教科書 p.220〜p.221

検印

展開の把握

思考力・判断力・表現力

○次の空欄に適語を入れて、内容を整理しなさい。

①〔ア　　〕の祠者が使用人に大杯についだ〔イ　　〕を与えた。

②使用人たちの話し合い→この酒は〔ウ　　〕で飲むと〔エ　　〕し、〔オ　　〕で飲むと余りがあるほど〔カ　　〕だ。地面に〔キ　　〕の絵を描いて、最初にできた者が〔ク　　〕ことにしよう。

③一人の使用人が〔ケ　　〕の絵を完成させ、酒を飲もうとした。〔コ　　〕に大杯を持ち、右手で〔サ　　〕に描き加えながら、〔シ　　〕の〔ス　　〕だって描けるぞと言った。

④〔セ　　〕が完成する前に別の使用人の〔ソ　　〕の絵ができあがった。彼は〔タ　　〕を奪い取り、〔チ　　〕にはもともと〔ツ　　〕がない。どうやって描くのだと言い、そのまま〔テ　　〕を飲んでしまった。蛇の〔ト　　〕を描こうとした者は、〔ナ　　〕を飲み損ねてしまった。

書き下し文

知識・技能

○本文を一文ごとに書き下し文に改めなさい。

▼学習一

語句・句法

知識・技能

1 次の語の読み（送り仮名も含む）と意味を調べなさい。

p.220 ℓ.9 ①乃ち〔　　〕〔　　〕

p.221 ℓ.2 ②固より〔　　〕〔　　〕

ℓ.3 ③終に〔　　〕〔　　〕

2 次の文を書き下し文に改めなさい。

①趙且ニレ伐タントレ燕ヲ。〔　　〕

②安クンゾ求メン二其ノ能ノ千里ナルヲ一也。〔　　〕

内容の理解

思考力・判断力・表現力

全体

1 「蛇足」は楚の将軍の昭陽が何をすることのたとえか。簡潔に答えなさい。

▼学習二

〔　　〕

2 「蛇足」の意味を次から選びなさい。

ア　なかったら困る重要なもの。

イ　もとはあったが今はないもの。

ウ　あっても益のない余計なもの。

〔　　〕

学習目標 漢詩の形式や技法を理解するとともに、作者が詩に込めた思いを読み取る。

唐詩の世界

教科書p.226～p.231

検印

要点の整理

思考力・判断力・表現力

○次の空欄に適語を入れて、各詩の大意を整理しなさい。

詩	大意
春暁	春、〔ア　〕が来たのも知らずに眠っていたが、〔イ　〕の声に目を覚ました。昨夜は〔ウ　〕が強かったが、庭の〔エ　〕はどれほど散ったことであろうか、どれほど散ったかわからない。
静夜思	秋の夜、寝台の前を明るく照らす〔オ　〕は、まるで地上に降りた〔カ　〕と見まがうほどであった。〔キ　〕を上げて山の端の月を見れば、〔ク　〕のことがしのばれてならない。
送元二使安西	〔ケ　〕に朝方降った雨が細かな土埃《つちぼこり》をしっとりと湿らせ、旅館あたりの〔コ　〕の色は青々と鮮やかである。さあ君、もう一杯酒を飲み尽くしたまえ。西の〔サ　〕を出たら、〔シ　〕もいないだろうから。
春望	悠久不変の〔ス　〕に対して〔セ　〕の世界は転変興亡が絶えない。今は花咲き鳥鳴く〔ソ　〕だというのに、戦乱は〔タ　〕になっても続き、家族からの〔チ　〕も来ない。たまらなくなって〔ツ　〕頭をかきむしりながら、わが身の老いを嘆く。
香炉峰下新卜山居草堂初成偶題東壁	ゆっくり朝寝を楽しみ、寝床の中で〔テ　〕の鐘の音を聴き、〔ト　〕の雪を眺める。このようなことができる〔ナ　〕の麓《ふもと》は、わたしにとって世俗の〔ニ　〕から逃れて心休まる安住の地である。政争に明け暮れる〔ヌ　〕のことなど忘れてしまった。

○各詩について、①詩の形式、②押韻している字、③対句（「第何句と第何句」というように句数で記しなさい。対句のない場合は「なし」と記しなさい。）を整理しなさい。

詩	①	②	③
春暁	〔　〕	〔　〕	〔　〕
静夜思	〔　〕	〔　〕	〔　〕
送元二使安西	〔　〕	〔　〕	〔　〕
春望	〔　〕	〔　〕	〔　〕
香炉峰下新卜山居草堂初成偶題東壁	〔　〕	〔　〕	〔　〕

内容の理解

思考力・判断力・表現力

春暁

1「春暁」詩について、次の問いに答えなさい。

(1)「聞㆓啼鳥㆒」（三六・3）について、作者はどこにいて、どのような状態で聞いているのか。簡潔に答えなさい。

〔　　　　〕

(2)「多少」（三六・5）の、①この詩での意味、②日本語の意味をそれぞれ次から選びなさい。

ア　たくさんの　　イ　わずかな　　ウ　どれほど

①〔　　〕　②〔　　〕

静夜思

2「静夜思」詩について、次の問いに答えなさい。

(1)作者が「牀前」の「月光」を見て、「地上霜」（三七・3）と錯覚したのはなぜか。十五字以内で答えなさい。

(2)月を見ることが望郷の思いにつながる理由を、次から選びなさい。　▼学習三

ア　満ち欠けする月に、変わってゆく自分を重ね合わせるから。

イ　故郷でも、今自分が見ているのと同じ月が見えるはずだから。

ウ　明るく照らす月光が、まるで両親のまなざしのように思えるから。

〔　　〕

送元二使安西

3「送㆓元二使㆒㆓安西㆒」詩について、次の問いに答えなさい。

(1)「安西」（三八・1）・「渭城」（同・2）・「陽関」（同・5）を長安から近い順に並べなさい。

長安―〔　　〕―〔　　〕―〔　　〕

(2)「西出㆓陽関㆒無㆓故人㆒」（三八・5）に込められた作者の思いとして適切でないものを、次から選びなさい。　▼学習四

ア　旅立つ友人の今後を心配する思い。

イ　自分も旅立ちたいという思い。

ウ　友人との別れを惜しむ思い。

〔　　〕

春望

4「春望」詩について、次の問いに答えなさい。

(1)第一・二句では何と何が対比されているか。次から選びなさい。

ア　こせこせした人の世と雄大な自然。

イ　荒れ果てた人心と恵み豊かな自然。

ウ　変化の激しい人の世と不変の自然。

〔　　〕

(2)「家書」（三九・7）が「万金に抵《あ》たる」のはなぜか。三十字以内で答えなさい。

香炉峰下新卜山居草堂初成偶題東壁

5「香炉峰下新卜㆓山居㆒草堂初成偶題㆓東壁㆒」詩について、次の問いに答えなさい。

(1)「逃㆑名」（三〇・7）の意味として適切なものを次から選びなさい。

ア　名を捨てる　　イ　評判を隠す

ウ　世俗の名利から離れる

〔　　〕

(2)作者は「故郷」（三〇・10）とはどんなところだと考えているのか。詩中から四字で抜き出しなさい。（訓点不要）

学習目標　日本人のよんだ漢詩を読解し、人に対する作者の思いを捉える。

日本の漢詩

教科書 p.232〜p.233

検印

要点の整理

思考力・判断力・表現力

○次の空欄に適語を入れて、各詩の大意を整理しなさい。

読家書	桂林荘雑詠、示諸生	道情
家族からの〔ア　　〕が途絶えてから〔イ　　〕余りが過ぎた。都合よく都の方から大宰府《だざいふ》に向かって吹いてくる風が、一通の〔ウ　　〕を吹き届けてくれた。家の〔エ　　〕のところにあった木は人によって運び去られ、北側にあった〔オ　　〕には、他人を住まわせているとのことだった。生姜《しょうが》を包んだ紙には〔カ　　〕と書かれており、竹のかごには〔キ　　〕が入っていて、もの忌みのための備えと記されていた。妻子の貧しく寒々とした生活の〔ク　　〕については、何も書かれていなかった。そのために、かえって家族のことが〔ケ　　〕になり、そのことがわたしを悩ませている。	故郷を離れて他の土地に行くと、〔コ　　〕が多いなどと言うのはやめなさい。一枚の綿入れをともにするような〔サ　　〕がいて、彼らとは、〔シ　　〕と互いに親しくなっていくというものなのだから。雑木の小枝で作られた、この「〔ス　　〕」の質素な〔セ　　〕を開けて出ると、〔ソ　　〕が〔タ　　〕のように降りていた。あなたは〔チ　　〕くれないか。わたしは〔ツ　　〕ことにしよう。	わたしの〔テ　　〕分の〔ト　　〕をなげうってでも、〔ナ　　〕の愛情をほんの少しでいいから分けてもらいたい。〔ニ　　〕のような君が住む家の〔ヌ　　〕には、人影は見えない。ただ君の弾く〔ネ　　〕の美しい音色が聴こえてくるのみである。

○各詩について、①詩の形式、②押韻している字、③対句（「第何句と第何句」というように句数で記しなさい。対句のない場合は「なし」と記しなさい。）を整理しなさい。

	読家書	桂林荘雑詠、示諸生	道情
①	〔　　〕	〔　　〕	〔　　〕
②	〔　　〕	〔　　〕	〔　　〕
③	〔　　〕	〔　　〕	〔　　〕

内容の理解

思考力・判断力・表現力

読家書

1 「読㆓家書㆒」詩について、次の問いに答えなさい。

(1) 「家書」（三三・1）とは何か。十字以内で書きなさい。

(2) 「一封書」（三三・2）に書かれている内容にあてはまらないものを、次から選びなさい。 ▼学習一

ア　家族から来た手紙が三か月ぶりであること。
イ　西門に植えてあった木がよそに移植されたこと。
ウ　北側の庭に他人が住んでいること。 〔　　〕

(3) 「為ㇾ是」（三三・5）とあるが、「是」とはどんなことをさしているか。三十字以内で書きなさい。

(4) この詩からわかる作者の家族に対する気持ちを次から選びなさい。 ▼学習一

ア　心配　イ　不信　ウ　失望 〔　　〕

桂林荘雑詠、示諸生

2 「桂林荘雑詠、示㆓諸生㆒」詩について、次の問いに答えなさい。

(1) この詩は、誰に対しておくられた詩か。題名の中からおくられた相手を表す言葉を抜き出しなさい。 ▼学習二 〔　　〕

(2) この詩中の比喩表現では、何を何にたとえているか。抜き出しなさい。

〔　　〕を〔　　〕にたとえている。

桂林荘雑詠、示諸生

3 新傾向 この詩について、生徒A～Cが感想を述べている。漢詩の内容に合う発言をしている者を、次から選びなさい。 ▼学習二

生徒A：この詩からは、見知らぬ土地での冬の朝の仕事のたいへんさが読み取れるね。そんな時にいっしょに暮らしている友人の思いやりを作者は感じているのだね。

生徒B：この詩には、故郷を捨てて帰るところのない者どうしが共同生活するうえでの心得が、朝ご飯の支度などという具体例を挙げて書かれているね。

生徒C：この詩からは、故郷を離れた知らない土地で学ぶことは苦労も多いが、仲間とともに頑張っていってほしいという作者の願望が感じられるね。

生徒〔　　〕

道情

4 「道ㇾ情」詩について、次の問いに答えなさい。

(1) 第一・二句は作者のどのような気持ちを表しているのか。十五字以内で書きなさい。 ▼脚問3

(2) 作者にとって、彼女が特別な存在であることがわかる、彼女に関係の深い表現を詩中から二つ抜き出しなさい。 ▼学習三

〔　　〕〔　　〕

(3) 作者を表した言葉として最も適切なものを、次から選びなさい。

ア　楽観的　イ　懐疑的　ウ　情熱的 〔　　〕

学習目標　漢詩を和訳した詩をもとの詩と読み比べ、訳者の工夫を捉える。

活動　漢詩と訳詩との読み比べ

教科書 p.226～p.231

検印

○次の詩は、孟浩然《もうこうねん》「春暁」（二二六）、李白《りはく》「静夜思」（二二七）、杜甫《とほ》「春望」（二二九）を、土岐善麿《ときぜんまろ》と井伏鱒二《いぶせますじ》が日本語に訳したものである。これらを読んで、あとの問いに答えなさい。

Ⅰ　孟浩然「春暁」　土岐善麿訳

春あけぼのの　＊うすねむり
まくらに＊かよう　鳥の声
風まじりなる　＊夜べ《よ》の雨
花ちりけんか　庭もせに

（『鶯《うぐいす》の卵』）

Ⅱ　李白「静夜思」　井伏鱒二訳

ネマノウチカラフト気ガツケバ
霜カトオモフイイ月アカリ
＊ノキバノ月ヲミルニツケ
ザイショノコトガ気ニカカル

（『厄除《やくよ》け詩集』）

Ⅲ　杜甫「春望」　土岐善麿訳

国破れて　山河《やまかわ》はあり
春なれや　城辺《しろべ》のみどり
花みれば　涙＊しとどに
鳥きけば　こころおどろく
＊のろしの火　三月《みつき》たえせず
千重《ちえ》に恋《こい》し　ふるさとの書《ふみ》
しら髪《かみ》は　＊いよよ短く
＊かざしさえ　さしもかねつる

（『新訳杜甫詩選』）

語注

＊**うすねむり**…ぼんやりとした浅い眠り。「薄雲・薄明かり」などから連想される作者の造語。
＊**かよう**…行き来する。
＊**夜べ**…昨日の夜。回想する趣がある。
＊**ノキバ**…軒端。軒の先。
＊**しとど**…ひどく濡《ぬ》れる様子。
＊**のろし**…合図のために高くあげる煙。ここでは戦が続いていることを表している。
＊**いよよ**…「いよいよ」に同じ。ますます。
＊**かざし**…髪の毛に挿すもの。かんざし。

訳者紹介

土岐善麿…一八八五年（明治一八）～一九八〇年（昭和五五）。歌人、国文学者。歌集に『NAKIWARAI』などがある。
井伏鱒二…一八九八年（明治三一）～一九九三年（平成五）。小説家。広島県生まれ。主な作品に『山椒魚《さんしょうお》』『黒い雨』などがある。

内容の理解 ― 思考力・判断力・表現力

1 Ⅰの詩の第一句「春あけぼのの」という表現は、ある古典作品の一節を連想させるが、その古典作品とは何か。次から選びなさい。

ア 『伊勢物語』
イ 『徒然草』
ウ 『枕草子』

〔　　〕

2 Ⅰの詩の第四句「花ちりけんか」の意味を次から選びなさい。

ア 花は散ってしまったのであろうか。
イ 花は散ってしまうのだろうか。
ウ 花は散っているのだろうか。

〔　　〕

3 Ⅱの詩の第四句「ザイシヨ」を①漢字で書きなさい。また、②もとの漢詩ではどの言葉が対応するか、抜き出して答えなさい。（訓点不要）

①〔　　〕　②〔　　〕

4 Ⅲの詩の第三・四句では、もとの詩にあった言葉が一部訳されていないが、それはどこか。もとの漢詩の中から抜き出しなさい。（訓点不要）

第三句〔　　〕　第四句〔　　〕

5 Ⅲの詩の第六句「千重に恋し　ふるさとの書」の意味を次から選びなさい。

ア 家族への手紙を出していたころが懐かしい。
イ 家族からの手紙で、恋しく思う家族の気持ちがわかってうれしい。
ウ 家族からの手紙が届くのが待ち遠しい。

〔　　〕

6 新傾向 次の会話文は、三つの漢詩と訳詩を比べて話し合いをしているものである。空欄①～③に入る適語を答えなさい。

教　師：漢詩とその訳詩を読み比べると、いろいろと違うところがあったね。どんなところが違っていたかな。
生徒A：Ⅰの詩では結句の内容が少し違っていました。漢詩では散った花の量が全くわからない形で書かれていますが、土岐善麿の訳では「〔　①　〕」という、庭一面を表す言葉が使われています。
生徒B：Ⅲの詩では、第三・四句にあるべき内容が訳されていないことが特徴的だと思いました。
教　師：本来、漢詩を和訳するときには、訓読にしたがって漢詩の意味を損なわないようにするのが普通だけど、これらの和訳は、みんながあげたように普通とは違っているね。
生徒C：訳者の感性に基づいて作られているので、個性の表れた作品になっているのではないかと思います。たとえばⅡの詩では、カタカナで表記されているのがおもしろいと思いました。
教　師：そうだね。カタカナは、歴史的に口頭語で語られた言葉を表現する文字としてのはたらきがあるんだ。だから、口頭で言われたことを、耳にしたまま記したものであるという印象を与える効果があるんだよ。他に、音数にも注目したいね。ⅠやⅢの詩などは、言葉の切れ目が〔　②　〕字とか〔　③　〕字で構成されていて、とてもリズム感があるよ。これなどは、漢詩が一句を決まった音数で作るのと同じだね。
生徒D：なるほど。漢詩を訳すのはおもしろいですね。

①
②
③

学習目標　蘇秦の言葉が諸侯を動かした理由を理解する。

鶏口牛後

教科書 p.238～p.239

検印

展開の把握　思考力・判断力・表現力

○空欄に適語を入れて、内容を整理しなさい。

【戦国時代後半の様子】

秦王が〔ア　　　　〕を脅して、土地を割譲させようとしていた。

【蘇秦の遊説】

〔イ　　　　〕―恵王に自分の考えを説くが採用されない。

燕　―文侯に〔ウ　　　　〕と同盟を結ぶよう説得する。
↓　文侯は資金を与えて、蘇秦を趙に行かせる。

趙　―粛侯に六国で同盟を結ぶよう説得する。
粛侯は資金を与えて、蘇秦に〔エ　　　　〕をまわって同盟を結ばせる。

【蘇秦の主張】

六国＝〔オ　　　　〕・斉・韓・魏・趙・楚	秦
ひとつひとつの国は〔カ　　　　〕にかなわないが、六国の兵士を合わせると、秦の〔キ　　　　〕になる。	
小国の主 ＝ 鶏口 であっても	大国の臣下 ＝ 〔ク　　　　〕 となるな

語句・句法　知識・技能

1 次の語の読み（送り仮名を含む）と意味を調べなさい。

	語	読み	意味
p.238 ℓ.4	①秦人	〔　　〕	〔　　〕
ℓ.5	②往く	〔　　〕	〔　　〕
ℓ.6	③説く	〔　　〕	〔　　〕
ℓ.7	④卒	〔　　〕	〔　　〕
p.239 ℓ.2	⑤無かれ	〔　　〕	〔　　〕
ℓ.2	⑥是に於いて	〔　　〕	〔　　〕

2 次の文を書き下し文に改めなさい。

①説《キテ》二夫差《ニ》一赦《サシム》レ越《ヲ》。
〔　　　　　　　　〕

②莫《シ》レ若《クハ》二身《ニ》無《ク》レ病、而心《ニ》無《キニ》レ憂《ヒ》。
〔　　　　　　　　〕

③寧《ロ》失《フトモ》二千金《ヲ》一、毋《カレ》レ失《フ》二一人之心《ヲ》一。
〔　　　　　　　　〕

内容の理解

全体　思考力・判断力・表現力

1「秦人」(三八・4)とは、具体的には誰のことか。次から選びなさい。

ア 秦の国民　イ 秦の恵王　ウ 秦国出身の人々 〔　〕

2「割レ地」(三八・4)とは、どういうことか。次から選びなさい。

ア 諸侯の所有する土地を、秦に割譲すること。
イ 秦の土地を分割して、諸侯に与えること。
ウ 諸侯が、秦の土地を割引価格で買うこと。 〔　〕

3「遊説」(三八・5)について、次の問いに答えなさい。

(1)「遊説」とは、どうすることか。漢字の意味に注意して答えなさい。 〔　〕

(2)具体的にどのようなことを「遊説」したと考えられるか。次から選びなさい。

ア 武力で他の国々を脅して、領土を奪うこと。
イ 国々が同盟を結んで、秦と対抗すること。
ウ 秦が他の国々と同盟を結ぶようにすること。 〔　〕

4「之」(三八・6)とは、何をさすか。本文中から抜き出しなさい。(訓点不要) 〔　〕

5「為ニ大王一計」(三八・7)について、次の問いに答えなさい。

(1)「大王」とは、誰のことか。次から選びなさい。

ア 秦の恵王　イ 燕の文侯　ウ 趙の粛侯 〔　〕

全体

(2)「計」とは、どういうことか。次から選びなさい。

ア 国を合計したところ。　イ 計画してみると。
ウ 損得を計算したが。 〔　〕

6「六国従親」(三八・8)について、次の問いに答えなさい。

(1)「六国従親」と同じ表現を、本文中から五字以内で抜き出しなさい。(訓点不要)

(2)「六国従親」とは、どうすることか。漢字の意味を考えて、次の空欄を補いなさい。

六つの国が①〔　〕の方向に同盟を結び②〔　〕しくすること。

(3)何のために「六国従親」するのか。簡潔に答えなさい。 〔　〕

7 新傾向「寧為ニ鶏口一、無レ為ニ牛後一。」(三九・2)の中のそれぞれの語がたとえているものについて、ある生徒が次の表を作って整理した。空欄にあてはまる語句をそれぞれあとから選びなさい。 ▶学習二

鶏……六国の各国	口……〔①〕
牛……〔②〕	後……〔③〕

ア 蘇秦　イ 秦　ウ 作者　エ 兵士
オ 王　カ 家臣

①〔　〕②〔　〕③〔　〕

学習目標　作中に描かれた言動から、藺相如の考えを読み取る。

完レ璧

教科書 p.240～p.241

検印

展開の把握

思考力・判断力・表現力

○空欄に適語を入れて、内容を整理しなさい。

趙の〔ア　〕	○楚の〔ウ　〕の璧を手に入れた。 ○璧を与えるか悩む。 璧を与えない場合 →〔エ　〕の強さが恐ろしい。 璧を与える場合 →昭王にだまされることを〔オ　〕する。
藺相如	○「私が〔カ　〕をささげて〔キ　〕へ参りましょう。もし〔ク　〕が手に入らなかったら、私が〔ケ　〕を無事持ち帰りましょう。」と提案し、秦へ向かう。 ○秦王をだまして〔コ　〕を取り返した。 ○〔サ　〕は逆立ち〔シ　〕を突き上げるほど怒り、〔ス　〕の下に立ち、「私の〔セ　〕はこの〔ソ　〕とともに打ち砕けてしまいますぞ。」と言った。 ○供の者に〔タ　〕を持たせて〔チ　〕へ帰らせ、自らは秦にとどまった。
秦の〔イ　〕	○和氏の璧を〔ツ　〕の城と〔テ　〕しようと申し込む。 ○〔ト　〕を提供する気はなかった。 ○藺相如を〔ナ　〕であると許して〔ニ　〕へ帰らせた。

語句・句法

知識・技能

1 次の語の読み（送り仮名を含む）と意味を調べなさい。

p.240 ℓ.3 ①嘗て〔　〕〔　〕

②請ふ〔　〕〔　〕

ℓ.5 ③願はくは〔　〕〔　〕

ℓ.6 ④完うす〔　〕〔　〕

2 次の文を書き下し文に改めなさい。

①請フ召サン二占フレ夢ヲ者ヲ一。〔　〕

②吾嘗テ三タビ仕ヘテ三タビ見レ逐《お》ハ二於君ニ一。〔　〕

③不レ憤センバ、不レ啓セ。〔　〕

④王怒リ、遣ム三人ヲシテ殺サ二中射之士ヲ一。〔　〕

内容の理解

思考力・判断力・表現力

第一段落

1 「欲レ不レ与、畏二秦強一、欲レ与、恐レ見レ欺。」（三四〇・4）について、次の問いに答えなさい。

(1) 「与」とは、①何を②誰に「与」えるのか。

①〔　　〕　②〔　　〕

(2) 「恐レ見レ欺。」の意味として適当なものを次から選びなさい。

ア　だますのが見えすいていていやだ。
イ　だまされるのを心配した。
ウ　だますのを見るのはいやだ。

〔　　〕

2 「完レ璧而帰」（三四〇・6）とはどういうことか。説明しなさい。

▼学習一

〔　　〕

第二段落

3 「既至。」（三四〇・7）とは、①誰が②どこに「至」ったのか。答えなさい。

①〔　　〕　②〔　　〕

4 「無レ意レ償レ城。」（三四〇・7）はどういうことか。次から選びなさい。

ア　十五の城と和氏の璧を交換する気はないということ。
イ　和氏の璧を弁償する気はないということ。
ウ　十五の城と藺相如の命を交換する気はないということ。

〔　　〕

5 「怒髪指レ冠。」（三四一・1）の理由として適当なものを、次から選びなさい。

ア　秦王の家来が不穏な動きをしたから。
イ　秦王が値切ろうとしたから。
ウ　秦王が約束を守らなかったから。

〔　　〕

第二段落

6 「臣頭与レ璧倶砕。」（三四一・1）とはどういうことか。説明しなさい。

〔　　〕

7 「秦昭王賢而帰レ之」（三四一・2）とあるが、藺相如のどういうところが「賢」なのか。次から選びなさい。

ア　決死の覚悟で堂々と秦王と渡り合い、従者に和氏の璧を趙へ持ち帰らせた後、その責任を取ろうとしたところ。
イ　決死の覚悟で秦の宮殿で奮闘し、秦王を降参させて和氏の璧を取り戻し、趙へ持ち帰ったところ。
ウ　決死の覚悟で秦王と渡り合った結果、和氏の璧と交換に自分一人だけ生き延びたところ。

〔　　〕

全体

8 「完璧」という故事成語は、現在どのような意味で用いられているか。簡潔に答えなさい。

〔　　〕

9 新傾向　藺相如の人物像について、三人の生徒が発言している。適当でないものを選びなさい。

▼学習二

生徒A：使命を果たそうとする強い意志を持った人物です。
生徒B：したたかさや大胆さを備えた人物です。
生徒C：常に冷静で、感情的になることのない人物です。

生徒〔　　〕

先従レ隗始

学習目標 昭王を説得するために郭隗が用いた論理を読み解く。

教科書 p.242～p.243

検印

展開の把握　思考力・判断力・表現力

○空欄に適語を入れて、内容を整理しなさい。

〔ア　〕の国の人々は噲の太子である〔イ　〕を主君とした。これを昭王という。昭王は〔ウ　〕を招こうとした。

昭王の願い

〔エ　〕の国は〔オ　〕の国が乱れているのにつけこんで、攻撃した。〔カ　〕は小国で〔キ　〕に復讐《ふくしゅう》することができない。そこで、〔ク　〕を招いて、国事を相談し、〔ケ　〕である噲の恥辱をすすぎたい。師事するのにふさわしい人物を教えてほしい。

郭隗の助言

古の王に、涓人に〔コ　〕を持たせて〔サ　〕の馬を求めさせる者がいた。ところが涓人は、〔シ　〕馬の骨を五百金で買って帰ってきた。怒った王に、涓人は、「〔ス　〕馬の骨でさえ五百金で買うのだから、まして生きている馬ならなおさら高く買うだろうと考えて、〔セ　〕の馬は今にやってくるでしょう。」と言った。まる一年もたたないうちに〔ソ　〕の馬が三頭集まった。

〔タ　〕を招こうと願うなら、まず私を重用しなさい。そうすれば、私よりも賢い人たちはどうして千里の道を遠いと思うでしょうか。千里の道を遠いと思わずにやってくるでしょう。

昭王は〔チ　〕のために新たに邸宅を作り、先生として敬い仕えた。そこで、〔ツ　〕は先を争って〔テ　〕に駆けつけた。

語句・句法　知識・技能

1 次の語の読み（送り仮名を含む）と意味を調べなさい。

p.242

ℓ.5 ①以って〔　〕〔　〕

ℓ.6 ②因りて〔　〕〔　〕

ℓ.7 ③足る〔　〕〔　〕

④雪ぐ〔　〕〔　〕

2 次の文を書き下し文に改めなさい。

①使ム㆓大夫二人ヲシテ往キテ先ンゼ㆒焉。〔　〕

②庸人スラ尚ホ羞ヅレ之ヲ。況ンヤ於イテヲ㆓将相ニ㆒乎。〔　〕

③霜葉ハ紅ナリ㆓於二月ノ花ヨリモ㆒。〔　〕

④豈ニ望マンレ報イヲ乎。〔　〕

内容の理解

思考力・判断力・表現力

第一段落

1 昭王は何のために「弔レ死問レ生、」（三四二・4）ということをしたのか。次から選びなさい。

ア 戦争後の生存者数を知るため。
イ 新しい王として民衆の心をつかむため。
ウ 父をはじめとする祖先の霊を祀《まつ》るため。

〔　　〕

2 「報」（三四二・7）とあるが、何に報じるのか。次から選びなさい。

ア 斉国　イ 戦死者　ウ 賢者

〔　　〕

3 「先生」（三四二・8）とは、誰のことか。本文から二字で抜き出しなさい。（訓点不要）

□□

第二段落

4 「古之君」（三四三・1）から始まるたとえ話はどこまで続いているか。該当部分の終わりの三字を抜き出しなさい。（訓点不要）　▼脚問1

□□□

5 涓人が「買二死馬骨五百金一而返。」（三四三・2）ということをしたのはなぜか。「死馬の骨」「千里の馬」という言葉を用いて簡潔に答えなさい。

〔　　〕

6 新傾向 次の表は、馬のたとえが何を表しているかについて、ある生徒がまとめたノートの一部である。空欄にあてはまる言葉を、あとのア〜オから選びなさい。　▼学習二

千里の馬 ⇒ 「〔 ① 〕」のたとえ	死馬の骨 ⇒ 「〔 ② 〕」のたとえ

ア 燕人　イ 郭隗　ウ 昭王　エ 賢士　オ 作者

①〔　　〕　②〔　　〕

第二段落

7 郭隗が「先従レ隗始。」（三四三・5）と言った理由を次から選びなさい。

ア 自分は賢者であるが、凡人のようにへり下って言えば、昭王はきっと自分を採用してくれるだろうから。
イ 自分を優遇せよと言えば、昭王はあつかましいやつだと軽蔑して、本当の賢者を捜すことを決心するだろうから。
ウ 自分のような取るに足りない人物が重用されれば、その噂を聞きつけて賢者が集まってくるだろうから。

〔　　〕

8 ①「昭王為レ隗改築レ宮、師二事之一。」（三四三・6）・②「士争趨レ燕。」（同・6）は、たとえ話の部分ではどの文に相当するか。本文中からそれぞれ一文を抜き出しなさい。（返り点・送り仮名不要）

①〔　　〕
②〔　　〕

全体

9 「先ず隗より始めよ」という故事成語の、①本来の意味と、②現在使われている意味を、それぞれ答えなさい。　▼活動一

①〔　　〕
②〔　　〕

学習目標　『論語』に記された言葉を通して、孔子のものの見方や考え方を理解する。

論語

教科書 p.246～p.251

検印

要点の整理　思考力・判断力・表現力

○空欄に適語を入れて、内容を整理しなさい。

【学び】

○学問をし、学問について〔　ア　〕と語り合うことは楽しいことだ。

○学問には、学ぶことと〔　イ　〕することの二つが必要である。

○私は〔　ウ　〕歳から〔　エ　〕に志し、修行を重ねた。

○古人の教えから新しい道理を知る人は、〔　オ　〕となれる。

○昔の学ぶ者は自分のため、今の学ぶ者は〔　カ　〕に知られるために学問をする。

【仁】

○言葉〔　キ　〕でうわべだけ愛想がよいだけでは、〔　ク　〕の徳は少ないと言える。

○「仁」を実践するには、広く〔　ケ　〕を救済するというような理想ばかり追わず、〔　コ　〕が望むことを人に譲る思いやりの心から始めるべきである。

○「孝弟」こそが「〔　サ　〕」の根本であり、〔　シ　〕が努めなければならない基本道徳である。

○一言で〔　ス　〕行っていけるものは思いやりだ。自分の〔　セ　〕ないことは〔　ソ　〕にしてはいけない。

【政治】

○法律や刑罰による政治ではなく、〔　タ　〕と〔　チ　〕による政治を行わなくてはならない。

○政治の要点は〔　ツ　〕の充足・〔　テ　〕の充実・〔　ト　〕に信義の心を持たせることであるが、根本になるのは信義の心を持たせることである。

語句・句法　知識・技能

1 次の語の読み（送り仮名を含む）と意味を調べなさい。

p.246 ℓ.1 ①自り　〔　　〕〔　　〕

p.248 ℓ.2 ②能く　〔　　〕〔　　〕

ℓ.5 ③夫れ　〔　　〕〔　　〕

ℓ.7 ④而も　〔　　〕〔　　〕

p.250 ℓ.1 ⑤道く　〔　　〕〔　　〕

2 次の文を書き下し文に改めなさい。

①仁以《ツテ》為《ス》二己《ガ》任《ト》一、不二亦重《カラ》一乎。

〔　　〕

②如《シ》従《ハバ》レ軍《ニ》、不《ランヤ》二敢《ヘテ》期《セ》レ生《ヲ》。

〔　　〕

③安《クンゾ》能《ク》為《つくラン》二之《ガ》足《ヲ》一。

〔　　〕

内容の理解

思考力・判断力・表現力

1 「子曰、『学而時習レ之…』」について、次の問いに答えなさい。

(1)「子」（二四六・1）とは、誰のことか。漢字で書きなさい。

(2)「朋」（二四六・1）とは、ここではどのような友人のことか。十字以内で答えなさい。

(3)「人」（二四六・2）とは、誰のことか。次から選びなさい。

ア 遠方の友人　イ 世間の人々　ウ 君子や君主

2 「子曰、『学而不レ思、…』」について、次の問いに答えなさい。

(1)「殆」（二四六・4）とあるが、なぜ危険なのか。「独断」という言葉を用いて簡潔に答えなさい。

(2)「学」と「思」（二四六・4）の関係を、どのように説明しているか。次から選びなさい。 ▼脚問2

ア 学ぶことだけが重要で、思索する必要はない。
イ まず十分に思索してから、学ぶべきである。
ウ 学ぶことと思索することの両方が重要である。

3 「子曰、『吾十有五而…』」について、次の問いに答えなさい。

(1)孔子のこの言葉から生まれた次の年齢の呼び方を、それぞれ二字で答えなさい。

十五歳　三十歳　四十歳
五十歳　六十歳　七十歳

(2)「従二心所一レ欲不レ踰レ矩。」（二四七・3）はどういうことか。次から選びなさい。

ア 自分の思ったとおり行動して人の道をはずれた。
イ 自分の思ったとおり行動しても人の道をはずれない。
ウ 自分の欲望を抑えて人の道をはずれない。

4 「子曰、『温レ故…』」について、次の問いに答えなさい。

(1)「新」（二四七・4）とは、どのようなことか。次から選びなさい。

ア 現在や将来に対処できる新しい道理。
イ 古人や師の教えを全部記憶すること。
ウ 今までになかった非常に斬新な思想。

(2)この文章から生まれた四字熟語を書きなさい。

5 「子曰、『古之学者…』」について、次の問いに答えなさい。

(1)「為レ人」（二四七・5）とはどういうことか。次から選びなさい。

ア 人の幸福のために学問をすること。
イ 人を正しく導くために学問をすること。
ウ 人に認めてもらうために学問をすること。

(2)「古之学者」（二四七・5）と「今之学者」（同）のどちらの評価が高いか。答えなさい。 ▼脚問4

6 「子曰、『巧言令色、…』」について、次の問いに答えなさい。

(1) 助字「矣」（二四八・1）の意味を、次から選びなさい。［　］

ア 疑問　イ 断定　ウ 反語

(2)「巧言令色」（二四八・1）の何が問題なのか。次から選びなさい。［　］

ア うわべだけ取り繕っていて、真心に欠けるところ。
イ 自分を美化しようと気取って、人に嫌われるところ。
ウ 人の顔色をうかがって、主体性がないところ。

7 「子貢曰、『如…』」について、次の問いに答えなさい。

(1)「何事㆓於仁㆒。」（二四八・4）とはどういうことか。次から選びなさい。［　］

ア 仁に及ばない。
イ 仁を越えている。
ウ 仁とは何か。

(2)「病㆑諸。」（二四八・5）の「諸」は具体的には何をさすか。本文中から抜き出しなさい。（訓点不要）▼脚問2

［　］

8 「有子曰、『其為㆑人也、…』」について、次の問いに答えなさい。

(1) 有子の言葉を二つに分け、後半の最初の三字を抜き出しなさい。（訓点不要）

［　］

(2)「道」（二四九・2）の意味として適当なものを、次から選びなさい。［　］

ア 立派な君子になるための道。
イ 親孝行をするための道。
ウ 人として生きるための道。

9 「子貢問曰、『有…』」について、次の問いに答えなさい。

(1)「一言」（二四九・4）とは何をさすか。本文中から抜き出しなさい。

［　］

(2)「己所㆑不㆑欲、勿㆑施㆓於人㆒。」（二四九・6）と最も意味の近い格言・ことわざを次から選びなさい。［　］

ア 情けは人のためならず。
イ 努力に勝る天才はなし。
ウ わが身をつねって人の痛さを知れ。

政治

10 「子曰、『道㆑之以㆑政、…』」について、次の問いに答えなさい。

(1)「之」（二五〇・1）は、何をさすか。本文中から抜き出しなさい。▼脚問1

［　］

(2)「免」（二五〇・1）とは何を免れようとするのか。次から選びなさい。［　］

ア 政治家によって決められた税。
イ 法律や規則で定められた刑罰。
ウ 覚えるのが面倒な道徳や礼儀。

11 「子貢問㆑政。…」について、次の問いに答えなさい。

(1) ①「之」（二五〇・3）、②「斯二者」（同・6）はそれぞれ何をさすか。本文中の文字を用いて書きなさい。▼脚問2 ▼脚問3

①［　］
②［　と　］

(2)「自㆑古皆有㆑死。」（二五〇・7）とはどういうことか。簡潔に答えなさい。

［　］